Pousadas e Hotéis

Livros do **autor**

Ronald de Góes
**Manual Prático
de Arquitetura
para Clínicas e
Laboratórios**

2ª edição
ISBN: 978-85-212-0507-4
284 páginas

Ronald de Góes
**Manual Prático
de Arquitetura
Hospitalar**

2ª edição
ISBN: 978-85-212-0580-7
286 páginas

Blucher

www.blucher.com.br

Ronald de Góes

Pousadas e Hotéis

Manual prático para planejamento e projeto

Pousadas e hotéis: manual prático para planejamento e projeto
© 2015 Ronald de Góes
Editora Edgard Blücher Ltda.

Blucher

Rua Pedroso Alvarenga, 1245, 4º andar
04531-934 - São Paulo - SP - Brasil
Tel.: 55 11 3078-5366
contato@blucher.com.br
www.blucher.com.br

Segundo o Novo Acordo Ortográfico, conforme 5. ed.
do *Vocabulário Ortográfico da Língua Portuguesa*,
Academia Brasileira de Letras, março de 2009.

FICHA CATALOGRÁFICA

Góes, Ronald de
    Pousadas e hotéis: manual prático para planejamento e
projeto/Ronald de Góes. – São Paulo: Blucher, 2015.

    Bibliografia
    ISBN 978-85-212-0917-1

    1. Hotéis – Arquitetura 2. Hotéis – Planejamento
3. Hotéis – Projetos e construção I. Título

15-0580   CDD 728.5

Índices para catálogo sistemático:
1. Arquitetura – hotéis

Conteúdo

Agradecimento

À arquiteta Danielle Cortez, pelos desenhos deste livro.

Apresentação

A realização no Brasil de grandes eventos internacionais, como a Copa do Mundo de Futebol, em 2014, e as Olimpíadas, em 2016, tem solicitado enormes esforços no sentido de dotar o país e, principalmente, as cidades-sede dos jogos, da infraestrutura necessária para atender a demanda por serviços que certamente esses eventos exigem.

Um dos problemas que mais têm chamado atenção é a necessidade de ampliar a infraestrutura hoteleira do país, assim como são importantes também a construção de novos estádios, a melhoria dos aeroportos e da mobilidade urbana e a geração de energia.

A nossa rede hoteleira não só carece de ampliação como também de modernização, em padrões internacionais, para fazer face às exigências dos comitês organizadores dos jogos e para atender a demanda da grande quantidade de turistas, do mundo todo, que visitam o Brasil em eventos como as Olimpíadas de 2016.

Assim, é uma tarefa urgente preparar a mão de obra e a infraestrutura, em todos os níveis, para atender a demanda de eventos que, certamente, se intensificarão a partir de agora.

O objetivo deste trabalho é colaborar com este esforço, em que todos, gestores públicos, técnicos e empresários, devem oferecer o seu apoio para atingir os objetivos desejados.

O Autor

1 Histórico

A construção hoteleira alcançou, no século XX, dois momentos de grande expansão. O primeiro deles entre as décadas de 1920 e 1930, e o segundo, que representou o grande *boom* da indústria hoteleira, a partir do final da década de 1960. Foi o período de aumentos surpreendentes no número de hotéis das grandes cadeias hoteleiras.

Alguns fatos influenciaram decisivamente na modificação desse setor, mas o principal deles, sem dúvida, deveu-se ao novo conceito utilizado pelo arquiteto John Calvin Portman, de recriar a cidade em um ambiente fechado. O conceito europeu criado por César Ritz, constituído por uma sucessão de espaços pequenos e ambientes diferenciados formando inúmeras salas (íntima, de leitura, de estar etc.) cedeu lugar a um grande espaço central polivalente, que se elevava à altura de vários andares e onde tudo podia acontecer.

Do antigo modelo ritziano da conformação de ambientes ainda existem alguns hotéis interessantes, como o Grande Hotel de Roma, de 1880, e o Ritz da Praça Vendôme, em Paris, que foi remodelado, além do Ritz de Londres, famoso por seus serviços e mobiliários de época.

A maior parte dos novos hotéis assimilou o hábito americano de abrigar espaço para a realização de convenções, necessariamente cíveis e de fácil acesso, fator significativo para a alteração da tradicional tipologia do setor. Com o passar do tempo, criaram-se sofisticadas exigências para a otimização desses espaços, com novos equipamentos e possibilidades, incluindo-se aí cabines de som para tradução simultânea e outros serviços, sala para pequenas conferências, salas de projeção etc.

Mesmo no interior dos apartamentos nota-se uma clara tendência à diminuição do mobiliário, principalmente do número de gavetas, com a colocação de apoios para bagagem.

1.1 Marcos da hotelaria no mundo

Antiguidade: estâncias hidrominerais construídas pelos romanos na Britânia (Inglaterra), Helvécia (Suíça), Oriente Médio (pontos de paradas de caravanas).

Idade Média: abadias e mosteiros que acolhiam hóspedes. Abrigo para cruzados e peregrinos.

Era Moderna:

1790: Surgimento de hotéis na Inglaterra, na Europa e nos Estados Unidos, no final do século XVIII, estimulados pela Revolução Industrial.

1850: Áreas próximas às estações ferroviárias passam a concentrar os hotéis no final do século XIX e início do século XX.

1870: Introdução do quarto com banheiro privativo (apartamento).

1920: Hotéis construídos em grande quantidade na Europa e nos Estados Unidos, gerados pela prosperidade econômica.

1950: Nova onda de construções de hotéis coincidindo com a era dos jatos e o grande movimento do turismo mundial.

1970: Com o advento do Boeing 747, permitindo a redução no tempo de voos e maior capacidade operacional, aumentou-se o número de viagens e de passageiros, redundando em maior demanda por hotéis em todo o mundo.

2000: Grandes eventos mundiais (Olimpíadas, Copas do Mundo, shows musicais) e a globalização da economia incrementam o turismo no mundo.

1.2 Um modelo

São dessa época os famosos hotéis da rede Hyatt Regency, projetados por John Portman a partir de 1967. Os objetivos perseguidos eram a conformação dos espaços em grande escala, o entretenimento dos hóspedes no interior dos átrios enormes, balcões em balanço, elevadores panorâmicos, lagos internos com cascatas e iluminação feérica. Resumindo: grandes espaços, formas geométricas básicas, muito dinamismo e movimento. A ideia central era trazer o ambiente urbano para o interior do hotel: o saguão deveria ser o local para beber, conversar, comer, comprar, esperar e, principalmente, olhar. Olhar o outro em todas as suas atividades.

Essas ideias revolucionaram inteiramente os conceitos espaciais dos hotéis, enquanto seus ocupantes eram impelidos a refletir sobre os conceitos arquitetônicos de forma e espaço. Portman, através dessa experiência, eliminou a contradição entre a grande quantidade de apartamentos oferecidos por outros hotéis, em contraste com a pequena diversidade de serviços oferecidos, aumentando sua qualidade: era a própria cidade que ele tentava oferecer em seus monumentais ambientes.

A primeira tentativa de elaboração de um edifício para abrigar esse vasto programa deu-se em 1967, como já foi visto, com o Hyatt Regency de Atlanta, nos Estados Unidos, característico da primeira geração de hotéis Hyatt. Do mesmo período ainda faziam parte o

Embarcadero Hyatt, de Chicago, e o O'Hare Hyatt, de São Francisco. O programa foi se desenvolvendo e houve a necessidade de revisar alguns pontos do conceito a exemplo do Plaza de Atlanta (1976), Los Angeles Bonaventure Hyatt e o Detroit Plaza em 1977. Os conceitos se ampliaram de maneira a entender a criação da cidade em vários níveis, fosse em planta ou em corte. Essa seria a característica dos hotéis da segunda geração. O terceiro deles ficava no Renaissance Center, complexo de edificações cujo objetivo principal era recuperar a então decadente área central de Detroit. O hotel era colocado como a peça-chave de todo o conjunto, com seu átrio funcionando como uma grande praça pública. É a "cidade imaginada": a metrópole de faz de conta dos outros hotéis de Portman que, dessa vez, tornava-se real.

1.3 Lazer: um novo conceito

Outro grupo que merece ser mencionado pela diversidade de concepção é o Club Mediterranée, um clube de férias organizado como empresa. Com sedes hoje espalhadas pelo mundo, esse tipo de conceito surgiu a partir de um pequeno clube de férias no início da década de 1950. Seu nome realçava sua filosofia: ficar perto do sol, em torno do Mar Mediterrâneo. Aos poucos a rede foi crescendo, seus proprietários foram investindo em novas unidades, novas *villages*, sempre com a mesma categoria e filosofia: adotar as peculiaridades locais e fazer os hóspedes se esquecerem de dinheiro, relógio, telefone. Hoje são 64 *villages* oferecendo um total de 34 mil leitos. No Brasil, além da *village* da ilha de Itaparica, na Bahia, o Club Mediterranée possui outra unidade no mesmo estado, no município de Trancoso, e outra no Rio de Janeiro, em Rio das Pedras, litoral sul do estado fluminense.

Outro conceito é o de *Economia Compartilhada,* criado pelo executivo norte-americano Nathan Blecharczyk, que, por meio de sua empresa Airbnb, intermedia o aluguel de imóveis entre pessoas de diversos países (já são mais de 19 milhões em 190 países), a preços mais baixos do que os cobrados pelos hotéis. O sistema funciona da seguinte maneira: quando o viajante reserva uma propriedade, ele paga no Airbnb. A empresa mantém o dinheiro em seu poder até a chegada do hóspede. Assim, se o lugar não é como foi descrito, ou se por qualquer motivo, o viajante deseje cancelar a reserva, ele só precisa ligar para o Airbnb, que atende a qualquer momento. Dessa forma, para receber o dinheiro, o anfitrião deve entregar tudo aquilo que foi prometido.

1.4 Hotelaria no Brasil

Sem considerar o período colonial, quando os viajantes se hospedavam nas casas-grandes dos engenhos e fazendas, nos casarões das cidades, conventos ou na beira das estradas, em ranchos construídos ao lado das sedes das propriedades rurais, onde eram fornecidos alimentos e bebidas, a hotelaria começa a ser uma realidade quando os conventos, mais movidos pela caridade, recebem personalidades ilustres, e algumas famílias introduzem o quarto de hóspedes entre as dependências das residências. O mosteiro de São Bento, no Rio de Janeiro, construiu, no século XVIII, um pavilhão só para hóspedes. Nesse mesmo período, surgiram as primeiras estruturas, inicialmente dedicadas apenas às refeições, mas que eventualmente serviam como alojamento.

A transferência da corte portuguesa para o Brasil e a abertura dos portos aumentaram a presença de estrangeiros em nosso país, com o objetivo de exercer as mais variadas funções, como diplomacia e comércio, por exemplo, o que fez crescer a demanda por alojamentos. É desse período a iniciativa dos proprietários de pensões, pousadas e hospedarias de denominar *hotel* seus estabelecimentos, numa tentativa de conferir mais respeitabilidade ao incipiente negócio. Também é desse período a construção do Hotel Pharoux no Largo do Paço, nas proximidades do cais do porto, marco na história da hotelaria no Brasil.

A falta de hotéis na capital, que já ocorria no século XIX, continuou no século XX. Para sanar esse problema, o governo criou uma lei (Decreto nº 1.160, de 23 de dezembro de 1907), incentivando, por meio de renúncia fiscal, a construção de hotéis. Dentre outros, surgiu o Hotel Avenida, inaugurado em 1908, e que por muito tempo foi o maior do Brasil.

Posteriormente, prevendo a presença maciça, para os padrões da época, de estrangeiros que viriam ao Brasil, em função de alguns eventos, novos incentivos foram criados para a construção de hotéis.

Como exemplo principal desse período, temos o Copacabana Palace, projetado pelo arquiteto francês Joseph Gire e erguido em 1923, como iniciativa para a ocupação da zona sul do Rio de Janeiro, principalmente de Copacabana. Embora remodelado, ainda mantém o requinte de toda uma tradição europeia de divisão dos espaços, figurando até hoje entre o que de melhor se fez no gênero no país. Sistematicamente é considerado pela World Travel Award como o melhor hotel da América do Sul. Sua arquitetura foi inspirada no Hotel Negresco, localizado em Nice, e sua construção foi um pedido do presidente Epitácio Pessoa ao empresário Otávio Guinle, visando às comemorações do Centenário da Independência do Brasil. Em 1985 foi cogitada sua demolição, mas o Instituto do Patrimônio Histórico Nacional (Iphan) interveio contra essa medida. Posteriormente, foi adquirido pela Orient-Express Hotéis, que o reformou sem descaracterizá-lo.

Outro hotel histórico do Rio de Janeiro é o Hotel Glória, construído pelo empresário Rocha Miranda. Projetado por Joseph Gire, o mesmo arquiteto do Copacabana Palace, a localização privilegiada, defronte ao Pão de Açúcar, e a ambientação ritziana lhe garantiram por muitos anos um lugar de destaque na hotelaria mundial. Após inúmeras reformas, em seus mais de cem anos sob o controle da família de Eduardo Tapajós, foi, recentemente, adquirido pelo empresário Eike Batista, que desejava transformá-lo no maior hotel do Brasil, objetivando a Copa do Mundo, de 2014, e as Olimpíadas, de 2016. A debacle financeira de Eike Batista trouxe de volta aos antigos proprietários o controle do hotel, que hoje passa por profundas reformas.

Também marcam a história da hotelaria brasileira os famosos hotéis-cassinos da década de 1940, mas que, após a proibição do jogo, em 1946, começaram a perder seu esplendor. São exemplos simbólicos desse período os hotéis das estações balneárias de São Paulo e Minas Gerais, como Poços de Caldas (MG), Águas de São Pedro (SP), Águas de Lindoia (SP), e os não menos famosos Quitandinha, de Petrópolis (RJ), e o Cassino Atlântico de Santos (SP). Alguns desses hotéis conseguiram sobreviver, mas com substituição de uso. O Quitandinha é o melhor exemplo: hoje é um clube. Construído em 1944, abrigava o primeiro teatro mecanizado do Brasil, com quatro palcos giratórios.

Na hotelaria brasileira do século XX, dois hotéis merecem destaque, dentro da tradição arquitetônica brasileira na época de sua construção: o Grande Hotel de Ouro Preto (MG), de Oscar Niemeyer, e o Hotel do Parque São Clemente, em Friburgo (RJ), de Lucio Costa. O primeiro deveria atender às exigências de integração com o sítio histórico, tema polêmico até hoje, tendo inclusive recebido o apelido de "O cochilo do gênio", crítica feroz ao seu projetista e que causa problemas operacionais e funcionais ao edifício. Lucio Costa, por seu lado, desenvolveu uma planta bastante funcional, através da utilização de materiais locais, além de desenvolver técnicas tradicionais da construção portuguesa, garantindo ao edifício uma integração perfeita com o ambiente circundante.

A partir da década de 1980, atendendo às necessidades da vida moderna, surgem os *flats* ou *apart-hotéis,* que vêm conseguindo, uma boa fatia do mercado habitacional e hoteleiro, em razão de sua concepção original: um misto de hotel e residência, onde se pode encontrar o conforto e a comodidade dos serviços prestados por um hotel em um apartamento, além da privacidade e do espaço íntimo de uma residência, sem os inconvenientes da eterna manutenção doméstica.

Figura 1.1

Hotel Pharoux, Rio de Janeiro (RJ).

Figura 1.2

Hotel Avenida, Rio de Janeiro (RJ), um dos primeiros planejados no país (1908).

Figura 1.3

Caesar Park Hotel, Rio de Janeiro (RJ), 1972, um marco na modernização dos hotéis brasileiros.

2 Urbanização turística e hotelaria

Nesse mesmo período, década de 1980, surgem também os projetos de urbanização turística cujas características são inspiradas em Cancún, México, uma península vulcânica localizada no estado de Quintana Roo, em uma região do Mar do Caribe, local onde há menos de 50 anos apenas existiam vestígios da civilização maia. Possuindo 22 km de praias de areias brancas, o governo mexicano ali vislumbrou e implantou um magnífico centro de turismo a partir da construção de hotéis e de uma bem planejada urbanização turística, sendo hoje um dos locais de maior visitação turística do mundo.

No Brasil, os exemplos mais conhecidos são os de Costa do Sauípe (BA), Cabo de Santo Agostinho (PE), e Via Costeira, em Natal (RN), todos surgidos no final da década de 1970.

Os equipamentos baianos e pernambucanos foram implantados em áreas desocupadas do litoral dos respectivos estados. Já Natal, cidade situada entre o Rio Potengi e o Oceano Atlântico, possui em sua parte leste ou atlântica um grande cordão de dunas (12 km de extensão, 2,5 km em média de largura e altura de até 90 m, também em média). São dunas fixadas por vestígios na Mata Atlântica e que se estendem da Praia de Areia Preta à Praia de Ponta Negra. Hoje, o Parque das Dunas possui uma área de 1.172 hectares. Em 1976, o governo do estado elaborou um projeto ligando as duas praias pelo litoral, num tipo de urbanização linear destinada à construção de edifícios de usos diversos. Uma ampla campanha popular impediu esse tipo de urbanização em razão dos perigos que trazia para a cidade, diante da possibilidade de destruição da vegetação que fixava a areia e o consequente soterramento da cidade. Foi decidida, então, a implantação do parque e a criação de uma área de lazer e turismo onde foram construídos doze hotéis, além de restaurantes, bares e outros equipamentos.

2.1 Áreas de vocação turística

O intenso uso das áreas litorâneas do Mar Mediterrâneo, principalmente pelo chamado turismo de massa (grandes complexos turísticos patrocinados por entidades públicas ou privadas) e a preocupação com a questão da sustentabilidade despertaram as autoridades da

Comunidade Europeia para a necessidade de se estabelecer padrões de ocupação do uso do solo e identificação de áreas de vocação turística, para disciplinar a implantação desses equipamentos, criando parâmetros e normas de orientação e controle.

Área de vocação turística prioritária, por definição, é a parte da área aproveitável situada imediatamente no interior da praia, cujas aptidões balneárias e náuticas, evidentemente ligadas à praia e ao mar, manifestam-se com maior evidência.

Não se pretende afirmar que outras áreas não possuem vocação turística, mas unicamente que essa vocação é menos evidente.

A vocação de uma praia não está diretamente vinculada a sua "qualidade". O critério de julgamento é parcialmente subjetivo, na medida em que avalia as qualidades aparentes e intrínsecas da praia, isto é, a qualidade da areia e da vegetação, e o teor estético do meio ambiente circundante; mas é também *rigorosamente objetivo* ao julgar a densidade de banhistas possibilitada pela praia, isto é, a qualidade da praia e do local é diretamente proporcional ao nível de rendimentos da clientela turística a ser atendida: uma fraca densidade de ocupação corresponde a clientela de nível elevado e vice-versa.

Geralmente, o conceito adota três categorias de locais: praias de densidade A, B e C.

No caso A, o elevado gabarito condiciona ocupação pouco densa. A maioria corresponde a localidades pequenas, aptas a receber um turismo de alto padrão.

No caso B, o aproveitamento pode ser feito em escala e amplitude mais diversificada de clientela.

O caso C inclui praias menos atraentes do que as outras, habilitadas, por sua ampla extensão, a receber instalações destinadas ao turismo econômico.

A categorização das praias, apesar de tudo, não prognostica congruência absoluta e exclusiva de tal categoria de local ou clientela. Ela é ditada unicamente pelas qualidades do contexto físico e pelas aptidões ao recebimento de uma determinada modalidade de ocupação turística.

Apreciado primeiramente em função da capacidade das praias, o potencial turístico deve ser, em seguida, confrontado com as possibilidades físicas de aproveitamento oferecidas pelos locais.

Em função desse confronto, devem ser observadas três categorias de área:

Aproveitáveis: área com terreno plano ou declive inferior a 25%, aproveitável, portanto, sob condições técnicas e custos compatíveis.

Com vocação turística: de vocação turística prioritária, é a parte da área aproveitável situada às margens de curso d'água, como praias, lagoas e lagos, represas e rios, cujas aptidões balneárias e náuticas se manifestem com maior evidência.

Disponíveis: áreas restantes de vocação turística prioritária, na hipótese de determinados locais se encontrarem parcialmente ocupados. O conceito se baseia no fato de que, em questões de avaliação do potencial turístico, as áreas já ocupadas não devem ser levadas em conta.

Zonas turísticas homogêneas
15 a 130 habitantes por hectare (hab/HA)

Tabela 2.1 Número de hab/HA de acordo com a qualidade do local de vocação turística e a densidade da praia

Locais de vocação turística	Leitos por HA		
	A	B	C
Excelente	15	25	45
Médio	30	55	75
Econômico	70	100	130

Estruturas turísticas de qualidade

A cada três leitos de hotel, um frequenta a praia. Um terço frequenta nas horas de pico. Cinco mil leitos no mínimo é a estimativa para se dinamizar uma área de interesse turístico, na qual o hotel desempenha papel preponderante.

Tabela 2.2 Área por banhista de acordo com a qualidade do local de vocação turística

Locais de vocação turística	Área por banhista
Excelente	25 m²
Médio	10 m²
Econômico	5 m²

Exemplos de urbanização turística

Figura 2.1

Cancún, México.

Figura 2.2

Via Costeira/Parque das Dunas, Natal (RN).

Figura 2.3

Costa do Sauípe (BA).

Figura 2.4

Costa de Santo Agostinho (PE).

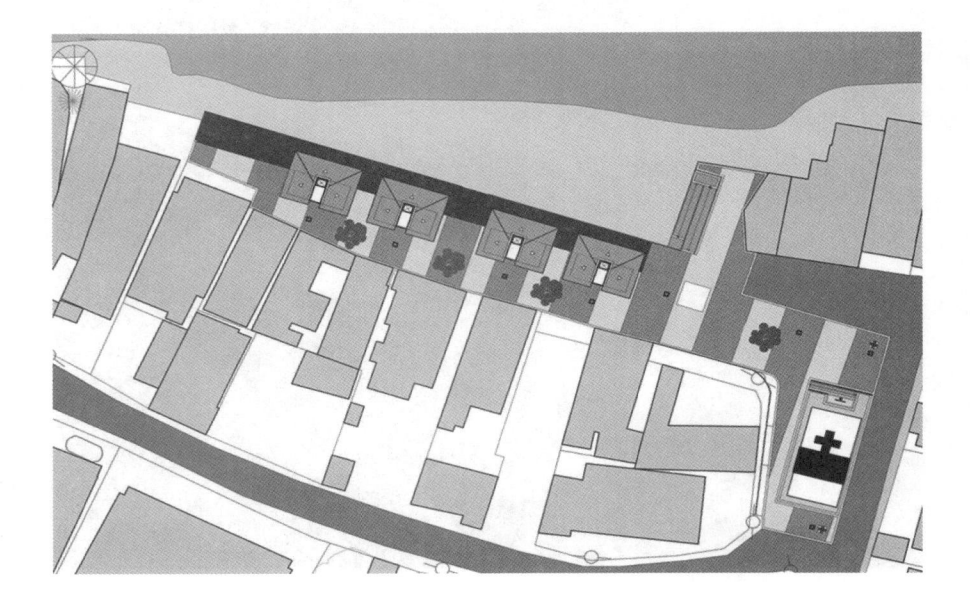

Figura 2.5

Praia de Pipa (RN). Urbanização. Projeto Orlas, Prodetur II (Governo Federal, Banco Mundial, Banco do Nordeste, Governo Estadual. ATP Engenharia – Ronald de Góes Arquitetura Ltda.).

Figura 2.6

Praia de Pipa, Tibau do Sul (RN). Visão Geral. O Projeto Orlas tem como objetivo reorganizar o litoral brasileiro em vários estados. No Rio Grande do Norte, por exemplo, foram implantadas políticas de erradicação de barracas de praia sem infraestrutura e sua substituição por equipamentos planejados contando com água, esgoto e centros comunitários de apoio ao turista, como centrais de caixas eletrônicos, banheiros de praia, postos de salva-vidas, postos de saúde e de informações turísticas, lojas de artesanato, delegacias de polícia e um amplo treinamento de mão de obra com preferência para os proprietários de barracas já instalados no local. Foram contempladas as praias de maior interesse turístico, como Muriú e Jacumã (Ceará Mirim), Pitangui (Extremóz), Cotovelo e Pirangi (Parnamirim), Largo do Tibau e Pipa (Tibau do Sul).

Figura 2.7

Praia de Cotovelo (RN). Urbanização. Projeto Orlas, Prodetur II (Governo Federal, Banco Mundial, Banco do Nordeste, Governo Estadual. ATP Engenharia – Ronald de Góes Arquitetura Ltda.).

Figura 2.8

Praia de Cotovelo, Parnamirim (RN). Urbanização.

Localizada no município de Parnamirim (RN), a Praia de Cotovelo fica muito próxima de Natal, cerca de 15 km, na chamada Rota do Sol. Nos últimos anos recebeu vários empreendimentos, como resorts e condomínios fechados de alto luxo. A demanda por espaços na orla marítima aumentou, principalmente nos finais de semana, com turistas vindos de outras cidades da região metropolitana de Natal, exigindo uma nova configuração urbanística e equipamentos de apoio. Dessa praia se tem uma visão magnífica da chamada Barreira do Inferno, e aí está localizada a Base de Lançamento de Foguetes de mesmo nome. Nas proximidades está sendo implantada uma versão natalense de Alphaville.

Figura 2.9

Urbanização do Largo de Tibau do Sul (RN). Vista do Centro Comunitário. Projeto Orlas, Prodetur II (Governo Federal, Banco Mundial, Banco do Nordeste, Governo Estadual. ATP Engenharia – Ronald de Góes Arquitetura Ltda.).

Figura 2.10

Urbanização do Largo de Tibau do Sul (RN). Detalhe dos módulos de atendimento aos turistas. (ATP Engenharia – Ronald de Góes Arquitetura Ltda.).

Todos esses projetos contaram com amplos estudos de impacto ambiental e socioeconômicos, pavimentação, drenagem, saneamento básico, abastecimento de água, iluminação urbana, recuperação e contenção de arrimos e passeios públicos.

Exemplos de hotéis tradicionais

Figura 2.11

Copacabana Palace, Rio de Janeiro (RJ), inaugurado em 1927.

Figura 2.12

Hotel Glória, Rio de Janeiro (RJ), inaugurado em 1922.

Figura 2.13

Hotel Negresco, Nice (França), inaugurado em 1913.

3 Segmentação do setor hoteleiro no Brasil

3.1 A estrutura do mercado

Mesmo considerando o aumento recente do fluxo de turismo doméstico, apenas uma pequena parte desses turistas utilizam serviços de hotelaria. A Fundação Instituto de Pesquisas Econômicas (Fipe) afirma que no ano de 2012 62,8% dos turistas brasileiros hospedaram-se em casas de parentes ou amigos e 7,8% em imóveis próprios ou alugados. Aos hotéis coube abrigar apenas 17,3% dos turistas em viagens domésticas. As pousadas receberam 7,0% desse público.

Tabela 3.1 Meios de hospedagens utilizados nas viagens domésticas no Brasil, por motivo (em %)

Meio de hospedagem	Principal motivo			
	Lazer	Negócios	Outros	Total
Casa de amigos/parentes	68,2	24,7	60,6	62,8
Hotel 1 a 3 estrelas	8,4	36,8	13,3	12,0
Pousadas	6,9	9,4	5,3	7,0
Hotel 4 ou 5 estrelas	4,4	14,3	3,3	5,3
Imóvel alugado	4,5	3,3	1,9	4,1
Imóvel próprio	4,2	2,3	1,8	3,7
Resort	0,8	0,5	0,5	0,7
Camping ou albergue	0,6	0,8	1,1	0,7
Colônia de férias	0,8	0,1	0,5	0,7
Motel ou pensão	0,2	0,4	2,1	0,4
Outro	1,0	7,5	9,7	2,6
Total	100,0	100,0	100,0	100,0

Fonte: Fipe, 2012.

O turismo de negócios foi o que mais cresceu nos últimos anos. O Brasil já ocupa a sétima posição em número de eventos internacionais, e São Paulo, a 12ª colocação entre as cidades.

Proporcionalmente, o turismo de negócios é o que mais demanda hotéis. De acordo com a Tabela 3.1, enquanto no turismo de lazer apenas 19,7% dos viajantes buscam hotéis e pousadas, no de negócios esse patamar eleva-se a 60,5%. Deve-se observar que o turismo de lazer representa uma fatia de mercado quase três vezes superior ao do segmento de negócios (68,2% a 24,7%) contribuindo para equilibrar as demandas de hospedagem desses dois segmentos.

O período médio de estadia no turismo de lazer é de dois a três dias. O mesmo ocorre com o turismo de negócios (Tabela 3.2). O Ministério do Turismo trabalha em suas projeções com a existência de 22 a 26 mil estabelecimentos hoteleiros e de outros tipos de alojamentos temporários no país em 2010. A empresa de consultoria HVS utiliza a ordem de grandeza de 440 mil quartos disponíveis no país, o que corresponde a aproximadamente 2% do mercado hoteleiro norte-americano.

Tabela 3.2 Permanência média nas viagens domésticas, por motivo (em %)

Permanência média (em dias)	Principal motivo			
	Lazer	Negócios	Outros	Total
1	5,0	13,9	11,6	6,6
2 a 3	30,3	36,7	37,6	31,7
4 a 5	18,0	15,1	14,1	17,3
6 a 7	15,2	10,4	9,3	14,1
8 a 10	11,2	4,7	6,6	10,0
11 a 15	9,3	5,5	8,5	8,8
16 a 30	8,7	6,6	7,5	8,4
31 ou mais	2,3	7,1	4,7	3,0
Média	8,7	11,2	9,8	9,0

Fonte: Fipe, 2012.

Tabela 3.3 Hotéis no Brasil

Tipo	Hotéis	%	Quartos	%
Hotéis/Flats – Cadeias nacionais*	370	3,9	53.137	11,0
Hotéis/Flats – Cadeias internacionais	365	3,8	67.150	15,0
Independentes	3.488	36,5	38.545	8,6
Independentes com mais de 20 quartos	5.341	55,8	290.000	64,6
Total	9.564	100	448.872	100

Fonte: M Tur, 2011. *Aquelas com mais de 600 quartos.

A classificação apresentada na Tabela 3.4 tem como fonte um relatório de consultorias internacionais, realizadas em 2011/2012, cuja base foi um conjunto de 9.564 hotéis e flats existentes no país que abrigavam no total 448.872 quartos.

Tabela 3.4 Principais redes hoteleiras no Brasil

Rede	País de origem	Número de quartos
Accor	França	21.984
Choice	Estados Unidos	8.144
Blue Tree	Brasil	5.742
Othon	Brasil	4.381
Sol Meliá	Espanha	4.117
Inter Continental	Estados Unidos	3.370
Nacional Inn	Brasil	3.003

Segundo a HIA e a Horwart HTK, responsáveis pelos dados apresentados na Tabela 3.4, os hotéis afiliados a redes representam algo em torno de 25% da oferta de quartos e, como registrado anteriormente, as vinte maiores redes respondem por apenas cerca de 19% desse total, revelando ser bastante fragmentado o mercado hoteleiro brasileiro, com destacada supremacia de empresas nacionais.

A Fipe estima em 160 milhões, em média, o total de viagens doméstica de brasileiros, anualmente a partir de 2009. Destas, 29%, ou seja, 46 milhões, demandariam hotéis e pousadas. Considerando o período médio de estadia de três a quatro dias (3,5 dias) e o índice de alojamento de 1,72 hóspede/quarto, essa demanda local de 46 milhões de hóspedes geraria uma ocupação de 213 dias para essa base disponível de 440 mil quartos no país, o que garantiria uma ocupação média de 58,3%.

Diante desse fato, o turismo interno é mais importante para os serviços de hospedagem, embora a demanda internacional responda por significativa parcela da ocupação hoteleira no Brasil. No Rio de Janeiro, de acordo com o Anuário Estatístico da ABIH-RJ, os estrangeiros foram responsáveis por 40,5% da demanda por hospedagem em hotéis.

Mesmo com a crise econômico-financeira internacional, o setor hoteleiro nacional apresentou expansão em praticamente todos os principais destinos turísticos brasileiros, com o crescimento da oferta agregada, estimada pela HVS, em 1,7% ao ano. A expectativa, contudo, é de que haja maior incremento na ampliação da oferta e que esta cresça a uma taxa superior a 2% ao ano, o que representaria cerca de mais 10 mil UH a cada ano. É com base na manutenção desse cenário de expansão do mercado brasileiro que o setor vem trabalhando para os próximos anos.

Tabela 3.5 Taxa de ocupação de cidades brasileiras (em %)		
Cidades	Jan.-jul. de 2009	Jan.-jul. de 2010
São Paulo	57,60	65,29
Rio de Janeiro	70,42	75,12
Porto Alegre	65,21	70,51
Florianópolis	57,43	52,78
Belo Horizonte	65,02	69,88
Fortaleza	73,28	77,24
Salvador	63,62	62,51
Brasília	57,16	64,43
Vitória	62,08	65,07
Curitiba	59,52	64,43

Fonte: Fórum de Operadores Hoteleiros do Brasil (FOHB) e Senac, base em amostra de 223 hotéis.

4 Segmentação do setor hoteleiro no Brasil – Perspectivas

Os Jogos Olímpicos em 2016 também alimentam o otimismo no ramo hoteleiro, gerando um ambiente propício para a realização de um novo ciclo de investimentos no setor e de ações governamentais articuladas que seguramente contribuirão para impulsionar o crescimento que tem sido experimentado pelo turismo no Brasil. Há doze anos o fluxo turístico no país estacionou no patamar de 5 milhões de turistas. Em um período no qual o turismo mundial se expandiu e se desconcentrou, o Brasil pouco se beneficiou dessa conjuntura.

Como aconteceu na Copa do Mundo de 2014, esperou-se a afluência de 500 a 800 mil turistas estrangeiros, dos quais cerca de 25% aproveitaram para circular pelo país e conhecer outras localidades fora do circuito do torneio.

Por sua vez, deverão se expandir os resultados positivos conquistados no âmbito do turismo interno, dinamizado pela melhor distribuição de renda, pela progressiva queda dos preços das passagens aéreas e por iniciativas públicas como o *Viaja Mais Melhor Idade* (incentivo para pessoas com mais de 60 anos viajarem pelo país na baixa ocupação, fortalecendo o turismo interno).

O Ministério do Turismo acredita que o mercado interno poderá alcançar, no ano de 2016, em que pese a crise econômica, o patamar de 500 milhões de postos de trabalho nas atividades características do turismo, com 35,4 mil estabelecimentos hoteleiros, 78 milhões de desembarques domésticos e 7 milhões de turistas estrangeiros, com impacto de US$ 9 bilhões em divisas internacionais, apesar de os jogos olímpicos se concentrarem basicamente no Rio de Janeiro.

A Fédération Internationale de Football Association (Fifa) adota, como critério balizador para a oferta de quartos em cada cidade-sede da Copa do Mundo, o parâmetro de 30% do número de assentos da arena local onde são disputados os jogos. Foi assim na Copa de 2014.

Como parâmetro, foi feita uma estimativa para a Copa de 2014. A Tabela 4.1 mostra a oferta de leitos (UH) por cidade-sede e a necessidade de leitos adicionais para alcançar os 30% de capacidade de público da arena local.

Tabela 4.1 Necessidade de expansão da oferta de serviços de alojamento para a Copa do Mundo de 2014, por cidade-sede*					
Cidade-sede	**Serviço de alojamento (mil leitos)**				
	Estádio	**Oferta atual**	**Necessidade em 2014**		
	Mil assentos	**UH**	**Projeção**	**Adicional**	**Adicional (%)**
Belo Horizonte	70,0	24,7	21,0	-	-
Brasília	71,0	30,0	21,3	-	-
Cuiabá	43,0	4,3	12,9	8,6	198,8
Curitiba	41,3	18,0	12,4	-	-
Fortaleza	66,7	25,7	20,0	-	-
Manaus	47,5	10,3	14,3	4,0	38,8
Natal	45,0	26,0	13,5	-	-
Porto Alegre	60,0	13,0	18,0	5,0	38,4
Recife	46,0	12,0	13,8	1,8	15,0
Rio de Janeiro	82,0	49,0	24,6	-	-
Salvador	55,0	50,0	16,5	-	-
São Paulo	62,8	68,0	18,8	-	-

Fonte: Jornal *Valor*, jan. 2010. *Foi utilizado o fator de conversão 1,75 leito/quarto

A Tabela 4.1 mostra que Cuiabá foi a única cidade com um alto déficit de hospedagem em 2014, um grande desafio para atender a demanda para hospedagem durante a Copa. Porto Alegre e Manaus necessitaram promover uma expansão de 40% da atual oferta de alojamento a turistas para atender à demanda da Copa de 2014. Um incremento dessa ordem certamente colocaria em risco a sustentabilidade de seus parques hoteleiros.

Nesse contexto, outras soluções certamente deverão ser incentivadas e exploradas. Parintins, por exemplo, durante a Festa do Boi, utiliza grandes embarcações fluviais como alojamento. Outra forma é a utilização da rede hoteleira de cidades vizinhas, associada à oferta de sistemas de transporte expresso, exclusivos para o evento. Poderá ser uma opção para Porto Alegre.

Para Recife, existia um déficit de 15% da sua capacidade de alojamento, o esforço não trouxe maiores problemas. Navios de cruzeiros marítimos também foram mobilizados para atender à demanda extraordinária de hospedagem, com devido apoio de uma infraestrutura local complementar, como serviços de transporte e segurança. Esta foi, durante a Copa de 2014, e será sem dúvidas, uma alternativa para o Rio de Janeiro durante os Jogos Olímpicos em 2016.

De modo geral, as perspectivas para o desenvolvimento turístico no Brasil são muito favoráveis, tanto na rota do turismo internacional, em que o cenário de crescimento e diversificação do turismo mundial serve de base para a ampliação do turismo estrangeiro no país, como do turismo interno. A expansão esperada da oferta hoteleira no Brasil é de mais de 8 mil a 12 mil UH anuais.

Os diferentes segmentos do mercado hoteleiro apresentarão evolução distinta, uns mais influenciados pelo turismo interno, como hotéis três estrelas, e outros mais sensíveis ao turismo internacional, como resorts e hotéis cinco estrelas.

Assim como a Copa do Mundo de 2014, as Olimpíadas de 2016 impulsionarão os investimentos hoteleiros, mas, por si só, não garantirão a sustentabilidade para expansões muito expressivas da oferta desses serviços nas cidades-sede do evento que ainda dispõem de capacidade adequada.

Por fim, é bom salientar que explorar os benefícios dos grandes eventos esportivos internacionais para alavancar o turismo de negócios no país trará impactos muito positivos para o setor de hotelaria, uma vez que é esse tipo de turismo o que mais demanda os serviços desse setor da economia.

5 Definição e tipos de hotel: classificação do Ministério do Turismo. Mas, afinal, o que é um hotel?

O Sistema Brasileiro de Classificação estabeleceu sete tipos de meios de hospedagem para atender à diversidade da oferta hoteleira nacional (Lei nº 11.771/2008). Hotel, resort, hotel fazenda, cama & café, hotel histórico, pousada e flat/apart-hotel, utilizando a consagrada simbologia de estrelas para diferenciar as categorias.

Considerando que cada tipo de meio de hospedagem reflete diferentes práticas de mercado e expectativas distintas dos turistas (um hotel 5 estrelas, por exemplo, é diferente de uma pousada 5 estrelas), o SBClass estabeleceu categorias específicas para cada tipo.

- Hotel: 1 a 5 estrelas.
- Resort: 4 a 5 estrelas.
- Hotel fazenda: 1 a 5 estrelas.
- Cama & café: 1 a 4 estrelas.
- Hotel histórico: 3 a 5 estrelas.
- Pousada: 1 a 5 estrelas.
- Flat/Apart-hotel: 3 a 5 estrelas.

Para fins dos tipos empregados, entende-se como meio de hospedagem:

> Os empreendimentos ou estabelecimentos, independentemente de sua forma de constituição, destinados a prestar serviços de alojamento temporário, ofertados em unidades de frequência individual e de uso exclusivo do hóspede, bem como outros serviços necessários aos usuários, denominados de serviços de hospedagem, mediante adoção de instrumento contratual, tácito ou expresso, e cobrança de diária (Brasil, 2010, p. 5).

O Sistema Brasileiro de Classificação é de adesão e adoção voluntárias pelos meios de hospedagem.

Está fundamentado em uma série de *requisitos* a que os meios de hospedagem devem atender:

- *Infraestrutura*: vinculados às instalações e aos equipamentos.

- *Serviços*: vinculados à oferta de serviços.

- *Sustentabilidade*: vinculados a ações de sustentabilidade (uso de recursos de maneira ambientalmente responsável, socialmente justa e economicamente viável, de forma que o atendimento das necessidades atuais não comprometa a possibilidade de uso pelas futuras gerações.

Os requisitos são divididos em *mandatórios* (de cumprimento obrigatório pelo meio de hospedagem) e *eletivos* (ou seja, de livre escolha do meio de hospedagem, tendo como base uma lista predefinida). Para ser classificado na categoria pretendida, o meio de hospedagem deve ser avaliado por um representante legal do Inmetro e demonstrar o atendimento a 100% dos requisitos mandatórios e a, no mínimo, 30% dos requisitos eletivos (para cada conjunto de requisitos).

5.1 Hotel

Hotel é o meio de hospedagem com serviço de recepção e alimentação. Possui no mínimo 1 estrela e no máximo 5 estrelas.

O hotel de 1 estrela deve atender a requisitos mínimos de infraestrutura, serviços e sustentabilidade. Para cada estrela adicional, o hotel deve atender a uma série de requisitos adicionais que diferenciam as categorias entre si. Por meio da comparação entre a infraestrutura e os serviços oferecidos, assim como pelas ações de sustentabilidade implantadas pelo meio de hospedagem, o consumidor poderá fazer sua escolha.

Requisitos mandatórios de acordo com o número de estrelas:

- Hotel 1 estrela:
  - serviço de recepção aberto por 12 horas e acessível por meios de comunicação durante 24 horas por dia;
  - serviços para guardar valores dos hóspedes;
  - área útil da UH, exceto banheiro, com 9 m^2;
  - banheiro na UH com 2 m^2;
  - troca de roupas de cama uma vez por semana;

- serviço de alimentação para o café da manhã;
- medidas permanentes para economia no consumo de água e energia elétrica;
- tratamento dos resíduos, com redução, separação e coleta seletiva;
- atendimento às sugestões e reclamações dos hóspedes.

- Hotel 2 estrelas:
  - serviço de recepção aberto por 12 horas e acessível por meios de comunicação por 24 horas por dia;
  - serviço para guardar valores dos hóspedes;
  - área útil da UH, exceto banheiro, com 11 m^2;
  - banheiro na UH com 2 m^2;
  - troca de roupas de cama duas vezes por semana;
  - sala de estar com televisão;
  - serviço de alimentação para o café da manhã;
  - pagamento com cartão de crédito ou débito;
  - medidas permanentes para economia no consumo de água e energia elétrica;
  - tratamento dos resíduos, com redução, separação e coleta seletiva;
  - atendimento às sugestões e reclamações dos hóspedes.

- Hotel 3 estrelas:
  - serviço de recepção aberto por 12 horas e acessível por meios de comunicação por 24 horas por dia;
  - serviço de mensageiro disponível 16 horas por dia;
  - área útil da UH, exceto banheiro, com 13 m^2;
  - banheiro na UH com 3 m^2;
  - troca de roupa de cama em dias alternados;
  - troca de roupa de banho diária;
  - serviço de lavanderia;
  - sala de estar com televisão;
  - televisão em 100% das UH;
  - canais de TV por assinatura em 100% das UH;
  - acesso à internet nas áreas sociais e em 100% das UH;
  - serviços de facilidades de escritório virtual;

- minirrefrigerador em 100% das UH;
- climatização (refrigeração/ventilação/calefação) adequada onde necessário, em 100% das UH;
- restaurante;
- serviço de alimentação para o café da manhã;
- área de estacionamento;
- medidas permanentes de treinamento para colaboradores;
- medidas permanentes para economia no consumo de água e energia elétrica;
- tratamento de resíduos, com redução, separação e coleta seletiva;
- atendimento às sugestões e reclamações dos hóspedes;
- pagamento com cartão de crédito ou débito.

- Hotel 4 estrelas:
  - serviço de recepção aberto 24 horas;
  - serviço de mensageiro disponível 24 horas por dia;
  - serviço de cofre em 100% das UH para guardar valores dos hóspedes;
  - área útil da UH, exceto banheiro, com 15 m^2;
  - banheiro nas UH com 3 m^2;
  - berço para bebês, a pedido;
  - facilidades para bebês (cadeiras adequadas no restaurante, serviço de atendimento para aquecimento de mamadeiras e comidas, fraldário etc.);
  - café da manhã na UH (opcional);
  - serviço de refeições leves e bebidas nas UH (*room service*) disponível 24 horas por dia;
  - troca de roupa de cama e banho diária;
  - secador de cabelo em 100% das UH;
  - serviço de lavanderia;
  - sala de estar com televisão;
  - televisão em 100% da UH;
  - canais de TV por assinatura em 100% das UH;
  - acesso à internet nas áreas sociais e em 100% das UH;
  - mesa de trabalho, com cadeira e iluminação própria, ponto de energia e telefone, que possibilite o uso de aparelhos eletrônicos pessoais;

- sala de ginástica/musculação com equipamentos;
- sala de reunião com equipamentos;
- serviço de facilidades de escritório virtual;
- minirrefrigerador em 100% das UH;
- climatização (refrigeração/calefação) adequada em 100% das UH;
- restaurante;
- serviço de alimentação disponível para café da manhã, almoço e jantar;
- serviço à la carte no restaurante. Pode haver opcional de *self--service*;
- bar;
- área de estacionamento com serviço de manobrista;
- mínimo de três serviços acessórios oferecidos em instalações no próprio hotel (por exemplo, salão de beleza, babá, venda de jornais e revistas, farmácia, loja de conveniência, locação de automóveis, reserva em espetáculos, agência de turismo, transporte especial para passeios e traslados);
- medidas permanentes para economia no consumo de água e energia elétrica;
- tratamento de resíduos, com redução, separação e coleta seletiva;
- atendimento às sugestões e reclamações dos hóspedes;
- medidas permanentes de treinamento para colaboradores;
- medidas permanentes de seleção e qualificação de fornecedores (critérios ambientais);
- medidas permanentes de sensibilização aos hóspedes em relação à sustentabilidade;
- pagamento com cartão de crédito ou débito.

- Hotel 5 estrelas:
  - serviço de recepção aberto 24 horas por dia;
  - serviço de mensageiro disponível 24 horas por dia;
  - serviço de cofre em 100% das UH para guardar valores dos hóspedes;
  - área útil da UH, exceto banheiro, com 17 m^2;
  - colchão das camas com dimensões superiores às normais;
  - banheiro nas UH com 4 m^2;

- disponibilidade de UH com banheira;
- roupão e chinelo em 100% das UH;
- berço para bebês, a pedido;
- facilidades para bebês (cadeiras adequadas no restaurante, serviço de atendimento para aquecimento de mamadeiras e comidas, fraldário etc.);
- café da manhã nas UH (opcional);
- serviço de refeições leves e bebidas nas UH (*room service*) disponível 24 horas por dia;
- troca de roupa de cama e banho diária;
- secador de cabelo em 100% das UH;
- serviço de lavanderia;
- sala de estar com televisão;
- televisão em 100% das UH;
- canais de TV por assinatura em 100% das UH;
- acesso à internet nas áreas sociais e em 100% das UH;
- mesa de trabalho, com cadeira e iluminação própria, com ponto de energia e de telefone, que possibilite o uso de aparelhos eletrônicos pessoais;
- sala de ginástica/musculação com equipamentos;
- sauna seca e/ou a vapor;
- piscina;
- sala de reuniões com equipamentos;
- serviços de facilidades de escritório virtual;
- salão ou estrutura de eventos;
- serviço de *guest relation/concierge*;
- minirrefrigerador em 100% das UH;
- climatização (refrigeração/calefação) adequada em 100% das UH;
- restaurante;
- serviço de alimentação disponível para café da manhã, almoço e jantar;
- serviço à la carte no restaurante. Pode haver opcional de self--service;
- preparação de comidas especiais (dietas, comida vegetariana etc.);
- bar;
- área de estacionamento com serviço de manobrista;

- mínimo de seis serviços acessórios oferecidos em instalações no próprios hotel (por exemplo, salão de beleza, babá, venda de jornais e revistas, farmácia, loja de conveniência, locação de automóveis, reserva de espetáculos, agência de turismo, transporte especial para passeios e traslados);

- medidas permanentes para economia no consumo de água e energia elétrica;

- tratamento de resíduos, com redução, separação e coleta seletiva;

- atendimento às sugestões e reclamações dos hóspedes;

- medidas permanentes de treinamento para colaboradores;

- medidas permanentes de seleção e qualificação de fornecedores (critérios ambientais);

- medidas permanentes de sensibilização aos hóspedes em relação à sustentabilidade;

- pagamento com cartão de crédito ou débito.

5.2 Resort

Hotel com infraestrutura de lazer e entretenimento que oferece serviços de estética, atividades físicas, recreação e convívio com a natureza no próprio estabelecimento.

Para o resort, o novo Sistema Brasileiro de Classificação estabelece as categorias de 4 estrelas (mínimo) e 5 estrelas (máximo). O resort de 4 estrelas deve atender a requisitos mínimos de infraestrutura, serviços e sustentabilidade. Já o resort 5 estrelas deve atender a uma série de requisitos adicionais que diferenciam as categorias entre si. Por meio da comparação entre a infraestrutura e os serviços oferecidos, assim como das ações de sustentabilidade executadas pelo meio de hospedagem, o hóspede poderá fazer a sua escolha.

Requisitos mandatórios de acordo com o número de estrelas:

- Resort 4 estrelas:
  - serviço de recepção aberto 24 horas por dia;
  - serviço de mensageiro disponível 24 horas por dia;
  - serviço de cofre em 100% das UH para guardar valores dos hóspedes;
  - UH com 25 m^2;
  - colchões das camas com dimensões superiores às normais;
  - berço para bebês, a pedido;

- facilidades para bebês (cadeiras adequadas no restaurante, serviço de atendimento para aquecimento de mamadeiras e comidas, fraldário etc.);
- café da manhã no quarto;
- serviço de refeições leves e bebidas nos quartos (*room service*), disponível 18 horas por dia;
- troca de roupa de cama e banho diária;
- secador de cabelo em 100% das UH;
- seis amenidades, no mínimo, em 100% das UH;
- serviço de lavanderia;
- sala de estar com televisão;
- televisão em 100% das UH;
- canais de TV por assinatura em 100% das UH;
- acesso à internet nas áreas sociais e em 100% das UH;
- mesa de trabalho, com cadeira e iluminação própria, com ponto de energia e de telefone, possibilitando o uso de aparelhos eletrônicos pessoais;
- sala de ginástica/musculação com equipamentos;
- sauna seca e/ou a vapor;
- dois tipos de piscina, no mínimo;
- sala de reunião com equipamentos;
- minirrefrigerador em 100% das UH;
- climatização (refrigeração/calefação) adequada em 100% das UH;
- dois restaurantes, no mínimo, com cardápios diferentes;
- serviço de alimentação disponível para café da manhã, almoço e jantar;
- dois bares no mínimo;
- área de estacionamento com serviço de manobrista;
- mínimo de três serviços acessórios oferecidos em instalações no próprio hotel (por exemplo, salão de beleza, babá, venda de jornais e revistas, farmácia, loja de conveniência, locação de automóveis, reserva em espetáculos, agência de turismo, transporte especial para passeios e traslados);
- programas recreativos próprios, para adultos e crianças, com recreadores e atendimento em dois turnos (manhã, tarde ou noite);
- medidas permanentes para redução no consumo de água e energia elétrica;

- tratamento de resíduos, com redução, separação e coleta seletiva;
- atendimento às sugestões e reclamações dos hóspedes;
- medidas permanentes de treinamento para colaboradores;
- medidas permanentes de seleção e qualificação de fornecedores (critérios ambientais);
- medidas permanentes de sensibilização aos hóspedes em relação à sustentabilidade;
- pagamento com cartão de crédito ou débito.

- Resort 5 estrelas:
  - serviço de recepção aberto 24 horas por dia;
  - serviço de mensageiro disponível 24 horas por dia;
  - serviço de cofre em 100% das UH para guardar valores dos hóspedes;
  - UH com 25 m^2;
  - colchões da cama com dimensões superiores às normais;
  - disponibilidade de UH com banheira;
  - roupão e chinelo em 100% das UH;
  - berço para bebês a pedido;
  - facilidades para bebês (cadeiras adequadas no restaurante, serviço de atendimento para aquecimento de mamadeiras e comidas, fraldário etc.);
  - café da manhã no quarto (UH);
  - serviço de refeições leves e bebidas nos quartos (*room service*), no período de 18 horas;
  - troca de roupas de cama e banho diária;
  - serviço de abertura de cama;
  - local e equipamentos para passar roupa à disposição nas áreas comuns ou nas UH;
  - secador de cabelo em 100% das UH;
  - oito amenidades, no mínimo, em 100% das UH;
  - serviço de lavanderia;
  - sala de estar com televisão;
  - televisão em 100% das UH;
  - canais de TV por assinatura em 100% das UH;
  - acesso à internet nas áreas sociais e em 100% das UH;

- mesa de trabalho, com cadeira e iluminação própria, com ponto de energia e de telefone, possibilitando o uso de aparelhos eletrônicos pessoais;
- sala de ginástica/musculação com equipamentos;
- sauna seca e/ou a vapor;
- três tipos de piscina, no mínimo;
- sala de reuniões com equipamentos;
- serviço de facilidades de escritório virtual;
- salão ou estrutura para eventos;
- espaço para apresentações (teatro, música, projeção de cinema etc.);
- serviço de *guest relation/concierge*;
- minirrefrigerador em 100% das UH;
- climatização (refrigeração/calefação) adequada em 100% das UH;
- três restaurantes, no mínimo, com cardápios diferentes;
- serviço de alimentação disponível para café da manhã, almoço e jantar;
- serviço à la carte no restaurante (opção de self-service);
- cardápio com cozinha regional ou típica em um dos restaurantes;
- preparação de comidas especiais (dietas, comida vegetariana etc.);
- três bares no mínimo;
- área de estacionamento com serviço de manobrista no período de 24 horas;
- serviços de massagem (por exemplo, massoterapia, talassoterapia, shiatsu etc.);
- mínimo de seis serviços acessórios oferecidos em instalações no próprio hotel (por exemplo, salão de beleza, babá, venda de jornais e revistas, farmácia, loja de conveniência, locação de automóveis, reserva em espetáculos, agência de turismo, transporte especial para passeios e traslados);
- serviços de revitalização e relaxamento (pedras quentes, banhos aromáticos etc.);
- programas recreativos próprios, para adultos e crianças, com recreadores e atendimento em dois turnos (manhã, tarde ou noite);
- medidas permanentes para redução do consumo de água e energia elétrica;

- tratamento de resíduos, com redução, separação e coleta seletiva;
- atendimento às sugestões e reclamações dos hóspedes;
- medidas permanentes de treinamento para colaboradores;
- medidas permanentes de seleção e qualificação de fornecedores (critérios ambientais);
- medidas permanentes de sensibilização aos hóspedes em relação à sustentabilidade;
- pagamento com cartão de crédito ou de débito.

5.3 Hotel fazenda

Hotel instalado em uma fazenda ou outro tipo de exploração agropecuária que ofereça a vivência do ambiente rural.

Para a tipologia hotel fazenda, o Sistema Brasileiro de Classificação estabelece as categorias de 1 estrela (mínimo) a 5 estrelas (máximo).

O hotel fazenda de 1 estrela deve atender a requisitos mínimos de infraestrutura, serviços e sustentabilidade. Para cada estrela adicional, o hotel fazenda deve atender a uma série de requisitos adicionais que diferenciam as categorias entre si. Por meio da comparação entre infraestrutura e serviços oferecidos, assim como das ações de sustentabilidade executadas pelo meio de hospedagem, o hóspede poderá fazer uma melhor escolha.

Requisitos mandatórios de acordo com o número de estrelas:

- Hotel fazenda 1 estrela:
  - serviço de recepção aberto 12 horas e acessível por meios de comunicação durante 24 horas;
  - área de estacionamento;
  - troca de roupa de cama e banho em dias alternados;
  - serviço de alimentação disponível para café da manha, almoço e jantar;
  - culturas diversas (pomar, horta, flores etc.);
  - instalações para a criação de animais (piscicultura, caprinocultura, bovinocultura, avicultura etc.);
  - restaurante;
  - medidas permanentes para redução do consumo de água e energia elétrica;
  - tratamento de resíduos, com redução, separação e coleta seletiva;

- medidas permanentes para a geração de trabalho e renda para a comunidade local;
- medidas permanentes de treinamento para colaboradores.

- Hotel fazenda 2 estrelas: os requisitos mandatários são os mesmos indicados para o hotel fazenda de 1 estrela, acrescentando-se apenas o pagamento da hospedagem com cartão de crédito ou débito.

- Hotel fazenda 3 estrelas: os requisitos mandatários são os mesmo indicados para o hotel fazenda de duas 2 estrelas, acrescentando-se os seguintes serviços:
  - serviço para guardar valores dos hóspedes;
  - berço para bebês, a pedido;
  - facilidades para bebês (cadeiras altas no restaurante, facilidade para aquecimento de mamadeiras e comidas, fraldário etc.);
  - troca de roupa de cama e banho diária;
  - serviços de facilidades de escritório virtual;
  - climatização (refrigeração/ventilação/calefação) adequada em 100% das UH;
  - bar;
  - monitoramento das expectativas e impressões dos hóspedes em relação aos serviços ofertados, incluindo pesquisas de opinião, espaço para reclamações e meios para solucioná-las.

- Hotel fazenda 4 estrelas: os requisitos mandatários são os mesmos indicados para um hotel fazenda de 3 estrelas, acrescentando-se os seguintes serviços:
  - serviço de recepção aberto por 24 horas;
  - café da manhã no quarto;
  - serviço de refeições leves e bebidas nos quartos (*room service*), no período de 12 horas;
  - duas amenidades, no mínimo, em 100% das UH;
  - serviço de lavanderia;
  - sala de estar com televisão;
  - televisão em 100% das UH;
  - acesso à internet nas áreas sociais;
  - mesa com cadeira em 100% das UH;

- instalações para recreação de crianças;
- piscinas;
- salão de jogos;
- estrutura esportiva disponível para hóspedes (campo de futebol, quadra poliesportiva, peteca, voleibol etc.);
- instalações para beneficiamento de produtos agropecuários;
- trilhas demarcadas (para caminhadas, observação de pássaros etc.);
- oferecimento de serviços típicos (cavalgada, focagem, observação de pássaros, passeios de charrete, ciclismo, observação de fauna e flora, participação em colheitas, ordenhas e trato de animais etc.);
- minirrefrigerador em 100% das UH;
- climatização (refrigeração/calefação) adequada em 100% das UH;
- serviço de alimentação disponível para café da manhã, almoço e jantar;
- preparação de comidas especiais (dietas, comida vegetariana etc.);
- serviços diferenciados para crianças (cardápio, sinalização específica etc.);
- restaurante;
- área de estacionamento.

- Hotel fazenda 5 estrelas: os requisitos mandatários são os mesmos indicados para um hotel fazenda 4 estrelas, acrescentando-se os seguintes serviços:
  - quatro amenidades, no mínimo, em 100% das UH;
  - cama com colchões com dimensões superiores ao padrão nacional;
  - secador de cabelo à disposição, sob pedido;
  - sala de estar com televisão;
  - espaço para leituras;
  - salão de eventos;
  - estrutura e serviço de eventos (departamento especializado, com pessoal em dedicação exclusiva).

Figura 5.1

Hotel fazenda em Santa Catarina.

5.4 Cama & café

Meio de hospedagem oferecido em residências, com no máximo três unidades habitacionais, para uso turístico, em que o proprietário mora no local, com café da manhã e serviço de limpeza.

Para a tipologia cama & café, o novo sistema Brasileiro de Classificação estabelece as categorias de 1 estrela (mínimo) a 4 estrelas (máximo).

O cama & café de categoria 1 estrela deve atender a requisitos mínimos de infraestrutura, serviços e sustentabilidade. Para cada estrela adicional, o cama & café deve atender a uma série de requisitos adicionais que diferenciam as categorias entre si. Por meio da comparação entre infraestrutura e serviços oferecidos, assim como das ações de sustentabilidade executadas pelo meio de hospedagem, o hóspede poderá fazer a melhor escolha.

Requisitos mandatórios de acordo com o número de estrelas:

- Cama & café 1 estrela:
  - o anfitrião deve ser acessível por meios eletrônicos, principalmente telefone, durante 24 horas por dia;
  - serviço para guardar valores dos hóspedes;
  - área útil da UH, exceto banheiro, com 8 m^2;
  - banheiro compartilhado com 1,30 m^2;
  - cama com colchão de solteiro com dimensões mínimas de 0,80 m × 1,90 m ou cama com colchão de casal com dimensões mínimas de 1,40 m × 1,90 m;
  - troca de roupa de cama e banho a cada três dias;
  - café da manhã básico;
  - medidas permanentes para redução do consumo de água e energia elétrica;
  - tratamento para redução, separação e coleta seletiva dos resíduos;
  - monitoramento das expectativas e impressões dos hóspedes em relação aos serviços ofertados, incluindo pesquisas de opinião, espaço para reclamações e meios para solucioná-las;
  - medidas permanentes de treinamento para colaboradores;
  - medidas permanentes de sensibilização aos hóspedes em relação à sustentabilidade;
  - medidas permanentes para valorização da cultura local.

- Cama & café 2 estrelas: os requisitos mandatários são os mesmos indicados para um meio de hospedagem cama & café 1 estrela, acrescentando-se o serviço de opcionais no café da manhã.

- Cama & café 3 estrelas: os requisitos mandatários são os mesmos indicados para um meio de hospedagem cama & café 2 estrelas, acrescentando-se os seguintes serviços:
  - área útil da UH, exceto banheiro, com 11 m^2;
  - banheiro privativo com 2 m^2;
  - sala de estar com televisão;
  - uma mesa com cadeira em 100% das UH;
  - climatização (refrigeração/ventilação forçada/calefação) adequada em 100% das UH;
  - café da manhã básico com quatro opcionais.

- Cama & café 4 estrelas: os requisitos mandatários são os mesmos indicados para um meio de hospedagem cama & café 3 estrelas, acrescentando-se os seguintes serviços:
  - troca de roupa de banho em dias alternados;
  - serviço de lavanderia;
  - acesso à internet nas áreas sociais;
  - disponibilização de computador portátil com acesso à internet, a pedido;
  - café da manhã básico com seis itens opcionais.

5.5 Hotel histórico

Hotel instalado em edificação com importância histórica. Entende-se por edificação com importância histórica aquela com características arquitetônicas de interesse histórico ou que tenha sido cenário de fatos históricos culturais[1] ou de relevância reconhecida[2].

Para a tipologia hotel histórico, o novo Sistema Brasileiro de Classificação estabelece as categorias de 3 estrelas (mínimo) a 5 estrelas (máximo).O hotel histórico de categoria 3 estrelas deve atender a

---

[1]Fatos histórico-culturais incluem os considerados relevantes com base na memória popular, independentemente de quando ocorreram.

[2]O reconhecimento pode ser formal, como, por exemplo, por parte do Estado brasileiro, ou informal, como por exemplo, com base no conhecimento popular ou em estudos acadêmicos.

requisitos mínimos de infraestrutura, serviços e sustentabilidade. Para cada estrela adicional, o hotel histórico deve atender a uma série de requisitos adicionais que diferenciam as categorias entre si. Por meio da comparação entre a infraestrutura e os serviços oferecidos, assim como as ações de sustentabilidade executadas pelo meio de hospedagem, o hóspede poderá fazer uma melhor escolha.

Requisitos mandatórios de acordo com o número de estrelas:

- Hotel histórico 3 estrelas:
  - serviço de recepção aberto 18 horas por dia e acessível por meios eletrônicos, principalmente telefone, 24 horas por dia;
  - serviço de mensageiro no período de 12 horas;
  - serviço para guardar valores dos hóspedes;
  - área útil da UH, exceto banheiro, com 13 m^2;
  - banheiro com 3,00 m^2;
  - três amenidades, no mínimo, em 100% das UH;
  - televisão em 100% das UH;
  - mesa com cadeira em 100% UH;
  - minirrefrigerador em 100% das UH;
  - berço para bebês, a pedido;
  - troca de roupa de cama e banhos em dias alternados;
  - climatização (refrigeração/calefação) adequada em 100% das UH;
  - serviço de refeições leves e bebidas nos quartos (*room service*) no período de 12 horas;
  - espaço para café da manhã;
  - medidas permanentes de treinamento para colaboradores;
  - medidas permanentes para redução do consumo de água e energia elétrica;
  - tratamento permanente para redução, separação e coleta seletiva dos resíduos;
  - monitoramento das expectativas e impressões dos hóspedes em relação aos serviços ofertados, incluindo pesquisas de opinião, espaço para reclamações e meios de solucioná-las;
  - medidas permanentes para geração de trabalho e renda para a comunidade local;
  - pagamento com cartão de crédito ou débito.

- Hotel histórico 4 estrelas: os requisitos mandatários são os mesmos indicados para um hotel histórico 3 estrelas, acrescentando-se os seguintes serviços:
    - serviço de recepção aberto 24 horas por dia;
    - serviço de mensageiro disponível 18 horas por dia;
    - serviço para guardar valores dos hóspedes;
    - área útil da UH, exceto banheiro, com 15 m^2;
    - banheiros com 3 m^2;
    - seis amenidades, no mínimo, em 100% das UH;
    - secador de cabelo em 100% das UH;
    - berço para bebês, a pedido;
    - facilidades para bebês (cadeiras altas em restaurantes, facilidades para aquecimento de mamadeiras e comidas, fraldário etc.);
    - café da manhã no quarto;
    - troca de roupa de cama e banho diária;
    - serviço de lavanderia;
    - canais de TV por assinatura em 100% das UH;
    - acesso à internet disponível em 100% das UH;
    - serviço de alimentação disponível para café da manhã, almoço e jantar;
    - restaurante.

- Hotel histórico 5 estrelas: os requisitos mandatários são os mesmos indicados para um hotel histórico 4 estrelas, acrescentando-se os seguintes serviços:
    - serviço de *guest relation/concierge*;
    - área da UH, exceto banheiro, com 17 m^2;
    - banheiro com 4 m^2;
    - oito amenidades, no mínimo, em 100% das UH;
    - roupão e chinelo em 100% das UH;
    - cama com colchões com dimensões superiores ao padrão nacional;
    - sala de ginástica/musculação com equipamentos;
    - serviços de facilidades de escritório virtual;
    - serviço de eventos (departamento especializado, pessoal com dedicação exclusiva;
    - preparação de comidas especiais (dietas, comida vegetariana etc.);

- serviço à la carte no restaurante (opção de self-service);
- área de estacionamento;
- serviço de manobrista disponível 24 horas por dia;
- piscina;
- salão de jogos;
- instalações para recreação de crianças;
- preparação de dietas especiais (por exemplo, vegetariana, hipocalórica etc.).

Tipo de hotel histórico: Convento do Carmo, Salvador (BA)

Um dos maiores e mais antigos conventos da Ordem das Carmelitas, começou a ser construído em 1586 na chamada Ladeira do Carmo, no Pelourinho. Possui uma da mais belas sacristias do período colonial brasileiro. O acesso é vedado ao público e só com pessoal autorizado pode-se visitar o recinto.

Em 1970, transformou-se no primeiro hotel histórico de luxo do Brasil, seguindo o modelo desse tipo de hotel, muito característico no continente europeu.

Foi um trabalho de adaptação muito bem executado, e o ambiente do hotel, respeitadas as suas características, é de alto padrão.

Figura 5.2

Convento do Carmo, Salvador (BA). Aspecto externo.

Figura 5.3

Convento do Carmo, Salvador (BA). Pátio interno.

Figura 5.4

Convento do Carmo, Salvador (BA). Sacristia.

Figura 5.5

Convento do Carmo, Salvador (BA). Restaurante interno.

Figura 5.6

Convento do Carmo, Salvador (BA). Restaurante externo.

Figura 5.7

Convento do Carmo, Salvador (BA). Salão de convivência.

5.6 Pousada

Empreendimento de característica horizontal, composto de no máximo trinta unidades habitacionais e noventa leitos, com serviço de recepção, alimentação e alojamento temporário, podendo ocupar um prédio único com até três pavimentos ou contar com chalés ou bangalôs.

Para o tipo pousada, o Sistema Brasileiro de Classificação estabelece as categorias de 1 estrela (mínimo) a 5 estrelas (máximo).

A pousada de categoria 1 estrela deve atender a requisitos mínimos de infraestrutura, serviços e sustentabilidade. Para cada estrela adicional, a pousada deve atender a uma série de requisitos adicionais que diferenciam as categorias entre si. Por meio da comparação entre infraestrutura e serviços oferecidos, assim como das ações de sustentabilidade executadas pelo meio de hospedagem, o hóspede poderá fazer uma melhor escolha.

Requisitos mandatórios de acordo com o número de estrelas:

- Pousada 1 estrela:
  - serviço de recepção aberto 12 horas por dia e acessível por meios eletrônicos, inclusive telefone, 24 horas por dia;
  - área de estacionamento;
  - troca de roupa de cama e banho em dias alternados;
  - serviço de alimentação disponível para café da manhã;
  - medidas permanentes para redução do consumo de água e energia elétrica;
  - medidas permanentes para geração de trabalho e renda para a comunidade local;
  - medidas permanentes para o gerenciamento de resíduos sólidos, com foco na redução, reuso e reciclagem;
  - programa de treinamento para empregados.

- Pousada 2 estrelas: os requisitos mandatários são os mesmos indicados para uma pousada de uma 1 estrela, acrescentando-se o pagamento com cartão de crédito ou débito.

- Pousada 3 estrelas:
  - serviço de recepção aberto 12 horas por dia e acessível por meio eletrônico, inclusive telefone, 24 horas por dia;
  - serviço para guardar valores dos hóspedes;
  - berços para bebês, a pedido;

- troca de roupa de cama e banho diária;
- minirrefrigerador em 100% das UH;
- climatização (refrigeração/ventilação/calefação) adequada em 100% das UH;
- bar;
- restaurante;
- serviço de alimentação disponível para café da manhã;
- área de estacionamento;
- programa de treinamento para empregados;
- medidas permanentes para redução do consumo de água e energia elétrica;
- medidas permanentes para o gerenciamento de resíduos sólidos, com foco na redução, reuso e reciclagem;
- monitoramento das expectativas e impressões dos hóspedes em relação aos serviços ofertados, incluindo pesquisas de opinião, espaço para reclamações e meios de solucioná-las;
- medidas permanentes para geração de trabalho e renda para a comunidade local.

- Pousada 4 estrelas: os requisitos mandatários são os mesmos indicados para uma pousada 3 estrelas, acrescentando-se os seguintes serviços:
  - serviço de recepção aberto 24 horas;
  - facilidades para bebês (cadeiras altas no restaurante, facilidades para aquecimento de mamadeiras, comidas e fraldário etc.);
  - café da manhã no quarto;
  - serviço de refeições leves e bebidas nos quartos (*room service*) no período de 12 horas;
  - duas amenidades, no mínimo, em 100% das UH;
  - serviço de lavanderia;
  - sala de estar com televisão;
  - acesso à internet nas áreas sociais;
  - mesa com cadeiras em 100% das UH;
  - instalações para recreação de crianças;
  - salão de jogos;
  - serviço de alimentação disponível para café da manhã, almoço e jantar;

– preparação de dietas especiais (por exemplo, vegetariana, hipocalórica etc.);

– medidas permanentes de sensibilização aos hóspedes em relação à sustentabilidade.

• Pousada 5 estrelas: os requisitos mandatários são os mesmo recomendados para uma pousada 4 estrelas, acrescentando-se os seguintes serviços:

– serviço de mensageiro disponível 24 horas por dia;

– serviço de cofre em 100% das UH para a guarda de valores dos hóspedes;

– quatro amenidades, no mínimo, em 100% das UH;

– trocas de roupa de cama e banho diária;

– secador de cabelo à disposição, sob pedido;

– espaço para leitura.

5.7 Flat/Apart-hotel

Meio de hospedagem em edifício com serviço de recepção, limpeza e arrumação, constituído por unidades habitacionais que dispõem de dormitório, banheiro, sala e cozinha equipada, com administração e comercialização integrada.

Para a tipologia flat/apart-hotel, o novo Sistema Brasileiro de Classificação estabelece as categorias de 3 estrelas (mínimo) a 5 estrelas (máximo).

O flat/apart-hotel de categoria 3 estrelas deve atender a requisitos mínimos de infraestrutura, serviços e sustentabilidade. Para cada estrela adicional, o flat/apart-hotel deve atender a uma série de requisitos adicionais que diferenciam as categorias entre si. Por meio da comparação entre a infraestrutura e os serviços oferecidos, assim como das ações de sustentabilidade executadas pelo meio de hospedagem, o hóspede poderá fazer uma melhor escolha.

Requisitos mandatórios de acordo com o número de estrelas:

• Flat/Apart-hotel 3 estrelas:

– serviço de recepção aberto 24 horas por dia;

– UH com 29 m^2;

– quartos com 11 m^2;

– banheiro da UH com 2,30 m^2;

– troca de roupa de cama em dias alternados;

- troca de roupa de banho diária;

- serviço de lavanderia;

- sala de estar com televisão;

- televisão em 100% das UH;

- canais de TV por assinatura em 100% das UH;

- acesso à internet nas áreas sociais;

- serviço de facilidades de escritório virtual;

- minirrefrigerador em 100% das UH;

- climatização (refrigeração/calefação) adequada em 100% das UH;

- restaurante;

- serviço de alimentação disponível para café da manhã;

- medidas permanentes de treinamento para colaboradores;

- medidas permanentes para redução do consumo de água e energia elétrica;

- tratamento para redução, separação e coleta seletiva de resíduos;

- monitoramento das expectativas e impressões dos hóspedes em relação aos serviços ofertados, incluindo pesquisas de opinião, espaço para reclamações e meios de solucioná-las;

- medidas permanentes para valorização da cultura local;

- medidas permanentes para geração de trabalho e renda para a comunidade local;

- pagamento com cartão de crédito e débito.

- **Flat/Apart-hotel 4 estrelas**: os requisitos mandatários são os mesmos indicados para um flat/apart-hotel de 3 estrelas, acrescentando-se ou alterando-se os seguintes serviços:

  - serviço de mensageiro no período de 14 horas;

  - UH com 34 m^2;

  - quarto com 13 m^2;

  - banheiro da UH com 3 m^2;

  - berço para bebês, a pedido;

  - facilidades para bebês (cadeiras altas no restaurante, facilidades para aquecimento de mamadeiras, comidas e fraldário etc;

  - café da manhã no quarto;

- serviço de refeições leves e bebidas nos quartos (room service) no período de 24 horas;
- troca de roupa de cama e banho diária;
- secador de cabelo em 100% das UH;
- mesa de trabalho, com cadeira, iluminação própria, ponto de energia e de telefone, possibilitando o uso de aparelhos telefônicos pessoais;
- sala de ginástica/musculação com equipamentos;
- sala de reuniões com equipamentos;
- eletrodomésticos básicos para cozinha;
- serviço à la carte no restaurante (opção de self-service);
- bar;
- área de estacionamento com manobrista.

- Flat/Apart-hotel 5 estrelas: os requisitos mandatários são os mesmos indicados para um flat/apart-hotel de 4 estrelas, acrescentando-se ou alterando-se os seguintes serviços:
  - UH com 39 m^2;
  - quarto com 15 m^2;
  - banheiro da UH com 4 m^2;
  - colchões das camas com dimensões superiores às normais;
  - roupão e chinelo em 100% das UH;
  - sauna seca e/ou a vapor;
  - piscina;
  - salão de eventos;
  - serviço de *guest relation/concierge*;
  - mínimo de três serviços acessórios oferecidos em instalações no próprio estabelecimento (por exemplo, salão de beleza, babá, venda de jornais e revistas, farmácia, loja de conveniência, locação de automóveis, reservas de espetáculos, agência de turismo, transporte especial etc.).

Figura 5.8

Potengi Flat, Natal (RN).

Figura 5.9

Hyatt Recife.

Figura 5.10

Pousada do Pilar, Ouro Preto (MG).

Figura 5.11

Pousada Residencial, Recife (PE).

Figura 5.12

Pousada Chico Rey, Ouro Preto (MG).

6 Outros tipos de hotel

6.1 Parador

Muito utilizado na Europa. Geralmente resulta do aproveitamento de antigos mosteiros e/ou conventos, dando-lhes um feição moderna em sua decoração interna sem eliminar os aspectos arquitetônicos de época. Outros, por seu lado, mantêm todas as características do mosteiro ou convento, modernizando apenas mobiliário e equipamentos.

Figura 6.1

Parador de Granada (Espanha).

Figura 6.2

Parador de Úbeda, Úbeda (Espanha).

Figura 6.3

Parador de Ronda (Itália).

6.2 Hotel de selva

Figura 6.4

Hotel de selva Ariaú de Manaus (AM).

Figura 6.5

Hotel Samaúma, Barcarena (PA).

6.3 Hotel natural

Figura 6.6

Palace of the Lost City, Sun City (África do Sul).

Figura 6.7

Yunak Hotel, Ürgüp (Turquia).

6.4 Hotel moderno

Figura 6.8

Buaj Al Arab, Dubai (Emirados Árabes).

O hotel Buaj Al Arab marcou uma transformação radical nos conceitos de arquitetura hoteleira. Os parâmetros ali implantados influenciaram, a partir de sua construção, e ainda influenciam a grande maioria dos novos hotéis construídos nos diversos pontos do mundo. A introdução em larga escala de estruturas metálicas possibilitou uma nova concepção de espaço, quebrando padrões geralmente limitados pelo concreto armado, embora este ainda permaneça como um material fundamental em construções de grandes alturas. As arrojadas estruturas vistas em Dubai, possíveis em razão de uma economia ainda apoiada no petróleo, não deixou de introduzir, nas construções, outros padrões de sustentabilidade.

Figura 6.9

Jumeirah Hotel, Dubai (Emirados Árabes).

Figura 6.10

Hilton Hotel, São Paulo (SP).

Figura 6.11

Hotel Unique, São Paulo (SP).

6.5 Spa – Turismo de saúde

A evolução do conceito de saúde, que, na atualidade, enfatiza a visão biopsicossocial do ser humano (o ser humano visto na perspectiva biopsicossocial pressupõe considerarmos que elementos biológicos e hereditários interferem na saúde, mas também o contexto sociocultural e aspectos subjetivos, como o bem-estar pessoal), e, mais do que isso, a condição dinâmica do processo saúde-doença, leva à busca contínua de manutenção da saúde. Além disso, o fato de contemporaneamente o homem ser diretamente responsável pelo processo de tornar-se saudável ou de assumir a consciência do autocuidado remete à visualização da promoção e manutenção da saúde, da prevenção e cura de doenças como ações indissociáveis.

Diante desse contexto, surge o *turismo de saúde*, que, embora pareça ser um novo segmento, é uma das mais antigas atividades turísticas, uma vez que deslocamentos em busca de saúde têm ocorrido desde a Antiguidade pelo mundo todo, envolvendo tanto a promoção e a manutenção da saúde quanto a prevenção e a cura de doenças.

O que hoje se denomina turismo de saúde desenvolveu-se mais fortemente ao longo da história calcado na busca pela cura, até mesmo em função da tradição da medicina ocidental, que enfatiza mais a doença e a intervenção do que a prevenção. Entretanto, atualmente existe em âmbito mundial uma crescente preocupação com a manutenção da saúde em seu aspecto preventivo, e não apenas com a recuperação, no aspecto curativo.

Essa nova atitude está direcionando as pessoas a buscarem "recursos naturais de tratamento desintoxicantes e relaxantes, tão necessários aos desgastes psicofísico provocado pela vida moderna", segundo o Ministério da Saúde.

No Brasil, o turismo de saúde desponta como uma tendência da atualidade para o desenvolvimento tanto do turismo como da própria área médico-hospitalar, por concentrar diferentes vantagens, entre as quais se destacam:

- a crescente preocupação com a saúde e o bem-estar estimula o fortalecimento do turismo como uma alternativa para o desenvolvimento socioeconômico das regiões;

- o segmento turismo de saúde pode ser uma resposta positiva ao desafio da sazonalidade do turismo, pois permite maior mobilidade da promoção de serviços de saúde preventiva ou curativa desvinculados das épocas do ano tipicamente destinadas às viagens;

- o avanço da tecnologia contribui para tratamentos de saúde inovadores, e, com os efeitos da globalização, os mercados e as culturas ficam aproximados.

Deve ainda ser acrescentada a isso a significativa variedade de terapias disponibilizadas, o atendimento com padrão internacional e os preços, muitas vezes menores, que os praticados em outros países do mundo. Outra vantagem do Brasil é o conjunto privilegiado de paisagens e diversidade cultural.

Assim, o Ministério do Turismo tornou importante orientar o desenvolvimento desse segmento, com informações conceituais, técnicas e institucionais que possam direcionar as ações de planejamento, gestão e promoção, facilitando e colaborando na tomada de decisões para estruturação e operacionalização dos produtos de turismo de saúde no Brasil.

Conceituação

A análise do desenvolvimento do turismo de saúde, em âmbito nacional e internacional, principalmente nos últimos anos, permitiu a definição de um marco conceitual fundamentado em aspectos que se referem à natureza da atividade turística, à motivação do turista e às categorias dos equipamentos, serviços e ambiente. Em função disso, o Ministério do Turismo, ouvindo os empresários e outros agentes do segmento turístico, ratificou o conceito adotado desde 2006:

> **Turismo de Saúde constitui-se das atividades turísticas decorrentes da utilização de meios e serviços para fins médicos, terapêuticos e estéticos** (Brasil, 2010, p. 15).

Os termos turismo hidrotermal, turismo hidromineral, turismo hidroterápico, turismo termal, turismo de bem-estar, turismo de águas, turismo medicinal, turismo médico-hospitalar, entre outras categorias, podem ser compreendidos, genericamente, como turismo de saúde.

O Ministério do Turismo, com a finalidade de proporcionar melhor entendimento do conceito de turismo de saúde, introduziu os termos a seguir.

Atividade turística: constituem-se ofertas de serviços, equipamentos e produtos que viabilizam o deslocamento e estado do turista:

1. Transporte;

   - operação e agenciamento turístico;
   - hospedagem;
   - alimentação;
   - recepção;
   - recreação e entretenimento;
   - outras atividades complementares.

2. Meios e serviços: são os fatores que determinam a escolha do destino. Podem ser caracterizados pela prestação de serviços ofertados em equipamentos próprios da área de saúde (hospitais, clínicas, consultórios) e em equipamentos de saúde com enfoque turístico (spas, balneários, estâncias), e também pela fruição de condições e elementos com propriedades conhecidas como terapêuticas (clima, água, terra, ar).

3. Fins médicos, terapêuticos e estéticos: referem-se aos objetivos que motivam o deslocamento, isto é, a busca de determinados meios e serviços que podem ocorrer em função da necessidade de tratamento ou cura, de condicionamento e bem-estar físico e mental.

Ampliando-se o conceito, entende-se que os meios e serviços são ofertados para fins de:

> [...] promoção e manutenção da saúde, prevenção e cura de doenças, promovendo o bem-estar (Brasil, 2010, p. 16).

Caracterização

Assim, compreendem-se como motivações características do turismo de saúde os seguintes elementos:

- Promoção da saúde: representado por ações sistemáticas e contínuas. Seu processo aglutina a educação e a prevenção, não se limitando a atividades ou eventos esporádicos. Abrange tanto a educação para mudanças de comportamento ou a prevenção de maus hábitos por meio da construção de estilos de vida promotores de saúde e qualidade de vida, seja individual ou coletivamente.

- Manutenção da saúde: associada a situações práticas que tornem possível o lazer, o descanso físico e mental, a redução do estresse, a educação para novos hábitos de vida.

- Prevenção de doença: conjunto de tratamentos que podem ser acompanhados por equipes médicas ou profissionais especializados, que visam à promoção e à manutenção da saúde e à prevenção de determinadas doenças, por meio da aprendizagem e da manutenção de uma existência saudável e equilibrada.

- Cura da doença: tratamentos realizados com supervisão de equipes médicas ou pessoal especializado e integrado em estruturas próprias, cujo objetivo é a cura ou a amenização dos efeitos causados por alguma patologia.

Chama atenção que a necessidade de se realizar tratamento médico ou mesmo a vontade de promover uma postura de vida mais saudável esteja aliada a fatores como: ausência dos tratamentos necessários no local de residência; maior qualidade dos tratamentos oferecidos em outras cidades; preços mais acessíveis dos tratamentos oferecidos em outros locais; oportunidade de somar a realização de um tratamento a uma viagem, entre outros. Estes são alguns dos fatores que caracterizam o turismo de saúde.

Resumindo, as principais características dessa atividade referem-se à oferta de tratamentos disponibilizados tanto no âmbito do turismo de bem-estar como no âmbito do turismo médico-hospitalar.

> Turismo de saúde só existe se existir oferta de produtos, aqui denominados tratamentos médicos, estéticos ou de bem-estar (Brasil, 2010, p. 17).

6.5.1 Tipos de turismo de saúde

O turismo de saúde pode ocorre por motivações diversas. Entretanto, esse segmento tem sido organizado em dois tipos de turismo de saúde: *turismo de bem-estar* e *turismo médico-hospitalar.*

Turismo de bem-estar

> Organizado em atividades turísticas motivadas pela busca da promoção e da manutenção da saúde, realizada por meio de tratamentos acompanhados por equipes de profissionais de

> saúde especializados, que visam à diminuição dos níveis de estresse, além da aprendizagem e da manutenção de uma vida saudável e equilibrada e até mesmo a prevenção de determinadas doenças (Brasil, 2010, p. 18).

O Instituto de Turismo de Portugal entende, ainda, que se possa assumir a existência de dois tipos de turismo associados à motivação do turista de saúde. A fronteira entre cura e prevenção da doença é de difícil delimitação, em função da existência de pontos de confluência entre ambas.

Assim, os procedimentos com foco na promoção e na manutenção da saúde, na prevenção e na busca do bem-estar poderão se realizar em múltiplos espaços, uma vez que uma pessoa que vai a um hospital realizar um *check-up* pode estar centrada mais na prevenção. No entanto, apesar dessas possibilidades, é mais comum que o tipo de tratamento vinculado ao turismo de bem-estar ocorra fora dos hospitais, principalmente em termas, spas, resorts e centros de bem-estar.

Deve ser ressaltado que, considerando que o turismo de saúde também envolve os deslocamentos motivados pela estética, esta estaria situada na interface promoção-manutenção da saúde, e também na interface cura-prevenção. Esse fato é evidente, pois a grande maioria dos tratamentos estéticos está relacionada à procura da saúde e em virtude da aparência.

Não se deve esquecer que essa categorização não pode ser tratada de um modo linear, uma vez que quase sempre existe a combinação dos cuidados de saúde com lazer, diversão, relaxamento e bem-estar.

Turismo médico-hospitalar

> Tipo de deslocamento motivado pela realização de tratamentos e exames diagnósticos por meio do acompanhamento de recursos humanos especializados e integrados em estruturas próprias, tendo como objetivo tanto a cura ou a amenização dos efeitos causados por diferentes patologias como fins estéticos e terapêuticos (Brasil, 2010).

No presente caso, essa atividade compreende procedimentos e tratamentos medicinais, odontológicos, cirúrgicos e não cirúrgicos.

Entende-se, assim, que o turismo médico-hospitalar e os procedimentos com foco na cura podem ser realizados em espaços que oferecem as condições necessárias ao tratamento, como hospitais, consultórios, clínicas estéticas e odontológicas. Por isso, é denominado de turismo médico-hospitalar.

Só resta, assim, definir quem pratica o turismo médico-hospitalar: turista ou paciente?

A resposta depende do ponto de vista analisado. Para a área médica, é um paciente que se deslocou na busca de um tratamento. Pelo lado do turismo, o paciente não deixa de ser um turista, pois mobiliza a economia local e usufrui, em muitos casos, mesmo que de forma menor, dos atrativos turísticos, bem como das atividades e serviços que viabilizam o deslocamento e a estada do paciente. Além disso, uma pessoa doente nunca viaja sozinha, de modo que seu acompanhante também pode contribuir para o desenvolvimento do turismo de uma localidade, pois pode muito bem se ocupar, durante o tratamento médico do paciente, de alguma atividade turística.

Convém lembrar que o "fazer turismo" pode estar relacionado a diversas motivações e, nesse caso, trata-se de fazer turismo para tratar a saúde.

A Organização Mundial do Turismo (OMT, 2001) define:

> **Turismo é o movimento de pessoas a lugar diverso do qual habite por tempo inferior a 360 dias, desde que não realize atividades econômicas.**

Destaque-se que muitos dos turistas médico-hospitalares que se deslocam para realizar um tratamento de saúde devem ser tratados pela área médica como pacientes. Para fins de planejamento e estruturação de destinos turísticos, porém, essas pessoas devem ser consideradas, sem prejuízo ao tratamento, como turistas. Também é importante notar que muitos dos turistas médico-hospitalares buscam tratamentos estéticos, e, nesses casos, a opção pelo deslocamento para determinados destinos em detrimento de outros pode centrar-se não apenas no tratamento, mas também nos atrativos turísticos locais.

6.5.2 Principais atividades desenvolvidas no segmento turismo de saúde

- Intervenções cirúrgicas diversas, entre elas as cirurgias plásticas, cardiológicas, oftalmológicas e bariátricas.
- Tratamento de oncologia, cardiologia e de reprodução assistida.
- Odontologia.
- *Check-ups*.

O turismo de saúde está ligado ao bem-estar, com maior frequência a tratamentos com foco no emagrecimento, envolvendo dietas especiais, procedimentos estéticos voltados para a dermatologia e a cosmetologia, além de práticas antiestresse variadas.

Nessa dimensão, encontram-se as chamadas terapias complementares, além de outros tratamentos relacionados a seguir.

Terapias externas

- Hidroterapia: termalidade com banhos, duchas e hidromassagens.

- Fangoterapia: tratamento com argilas e lamas.

- Psamoterapia: tratamento com areias.

- Massoterapia: massagens, drenagens linfáticas etc.

- Cromoterapia: aplicação de cores para estabelecer o equilíbrio e bem-estar.

- Cosmoterapia: aplicação de cosméticos para fins terapêuticos e dermatológicos.

- Outros tratamentos, como os com utilização de pedras quentes, bandagens, enfaixamentos e compressas.

Terapias internas

- Terapia hidropínica: ingestão controlada de água.

- Aromaterapia: aplicação de óleos essenciais por ingestão, inalação direta, banhos, massagens etc.

- Fitomedicamentos: uso de chás medicinais.

- Medicamentos dinamizados: medicamentos homeopáticos e antroposóficos.

- Alimentação: natural, orgânica etc.

Verifica-se que algumas práticas citadas têm em comum a utilização terapêutica da água, o que pode ocorrer em função de suas propriedades físicas (ingestão) ou por benefícios térmicos e mecânicos (banhos de imersão e jatos). Assim, a água participa em inúmeras atividades do turismo de saúde, como:

- Crenoterapia: águas minerais usadas com finalidade terapêutica.

- Talassoterapia: emprego da água do mar, além de outros recursos naturais (como clima, maresia, ondas, sol, areia, algas etc.).

Condomínio para turismo de saúde, São José do Mipibu (RN)

Condomínio a ser implantado em São José do Mipibu para abrigar pacientes europeus que demandam o Rio Grande do Norte para tratamentos de saúde em cirurgia plástica, bariátrica, oftalmológica e odontológica e, ao mesmo tempo, temporada de turismo. Natal está a cinco horas de voo de Lisboa.

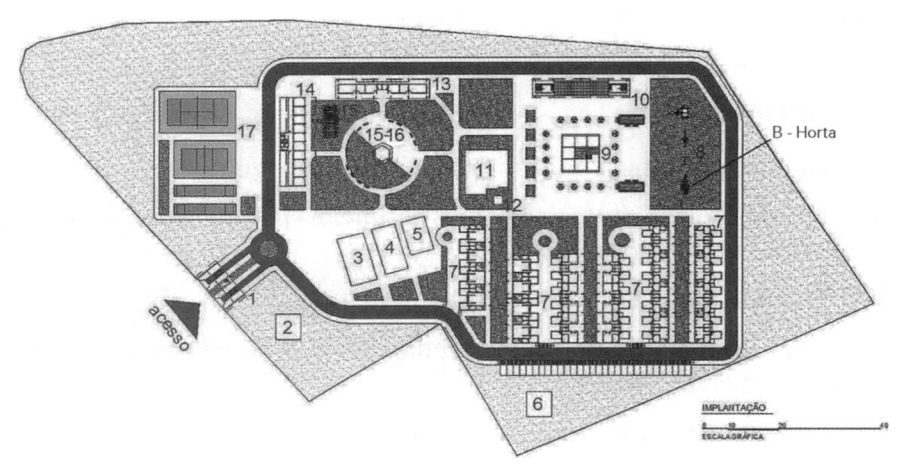

Figura 6.12

Condomínio para turismo de saúde, São José do Mipibu (RN). Visão geral. Arquiteto Ronald de Góes.

Figura 6.13

Condomínio para turismo de saúde, São José do Mipibu (RN). Plano geral
1. Pórtico de entrada
2. Área verde
3. Auditório/cinema
4. Capela
5. Lavanderia coletiva
6. Estacionamento
7. Habitações
8. Indicado no desenho
9. Piscina
10. Apoio da piscina
11. Administração
12. Castelo d'água
13. Área médica
14. Hotel
15. Indicado no desenho
16. Praça
17. Quadras

Figura 6.14

Torre Sénior, Santo Tirso (Portugal).

Torre Sénior, Santo Tirso (Portugal)

Estrutura médica para atendimento de pessoas com 65 anos ou mais, contando com ampla estrutura de serviços, atendimento médico e trinta apartamentos. Está implantado em uma área de 3,6 hectares, a vinte minutos da cidade do Porto.

Oferece a opção de moradia permanente, pela qual além das mensalidades o paciente paga uma joia de adesão.

Hiléa, São Paulo (SP)

Aberta em 2007, era inicialmente uma instituição privada destinada a pacientes de alta renda. Além de moradia (119 apartamentos) e atendimento médico, o local oferecia oficinas culturais, atividades físicas e recreativas. Os altos custos administrativos inviabilizaram o empreendimento. Foi incorporado pela Fundação Lucy Montoro, do governo estadual. Fará atendimento a pacientes do SUS com problemas de lesões cerebrais medulares, amputações, derrame, paralisia cerebral e portadores de Alzheimer. Na nova estrutura, o número de apartamentos foi reduzido para oitenta.

Figura 6.15

Hiléa, São Paulo (SP).

Programa para um spa: sugestão de serviços e produtos

- Hospedagem para emagrecimento.
- Hospedagem para relaxamento.
- Hospedagem para ganho de massa muscular.
- Hospedagem para desintoxicação.
- *Day spa.*
- *Night spa.*
- Spa da noiva e do noivo.
- Spa dia da noiva e do noivo.

- Atendimentos médicos (endocrinologista, nutricionista – atendimento diário, dermatologista, cardiologista, psicólogo, cirurgião plástico, geriatra, iridólogo).
- Acupuntura.
- Dietas individualizadas.
- Atividades físicas (caminhadas, ginásticas, hidroginásticas).
- Atividades recreativas (dança, música, arte terapia).
- *Squash*.
- Palestras sobre saúde.
- Atendimento 24 horas por enfermeiros.
- Passeios turísticos recreativos.
- Saunas (seca e a vapor).
- Academias de ginástica durante todo o dia.
- Serviços de embelezamento e estética.
- Restaurante com padrão internacional.
- *Business center*.
- Colônia de férias (idosos e crianças).
- Programas especiais para pessoas da terceira idade.
- Programa de qualidade de vida para os participantes de eventos, treinamentos etc.
- Aulas de culinária oferecidas por um chef de cozinha ou um nutricionista.
- Acompanhamento após o período de hospedagem no spa.

O spa tem as funções de hotelaria e um departamento para as diversas clínicas e suas atribuições. A estrutura organizacional pode ser esquematizada como na Figura 6.16.

Figura 6.16

Estrutura organizacional de um spa.

O setor "clínicas" tem como atribuição prestar serviços médicos relacionados à educação física a que o spa se propõe. Os demais setores possuem atribuições comuns à hotelaria, apenas adaptadas ao produto spa.

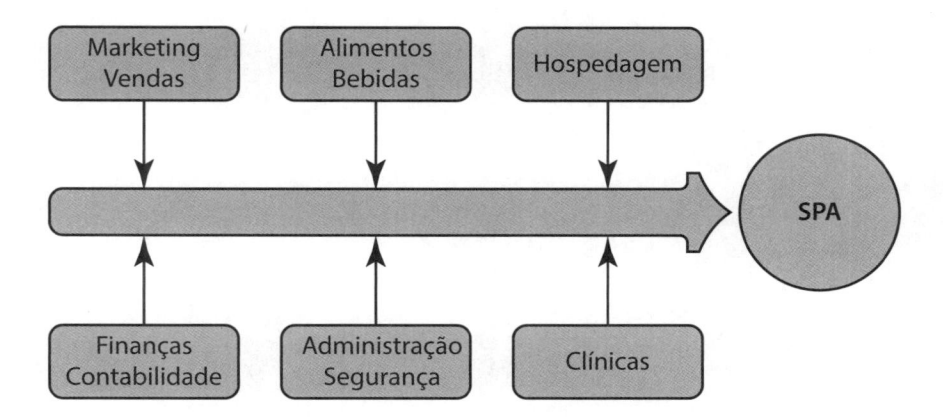

Figura 6.17

Organização de um spa.

7 Hotel: critérios de planejamento e projeto

O turismo representa 3,8% do PIB nacional, índice respeitável para qualquer setor da economia de um país, e o hotel é um elemento fundamental nesse contexto, já que o hotel é a residência do indivíduo fora de seu *habitat* natural. No entanto, ele é uma residência temporária, um lugar impessoal, uma época entre parênteses, um espaço para sonhar e fantasiar um momento especial ou algo aconchegante?

Paulo Casé, arquiteto carioca, autor de vários projetos hoteleiros pelo Brasil, afirma que o hotel representa a "[...] concretização das fantasias do hóspede, o lado espetáculo da vida". Assim, o arquiteto que projeta o hotel deve tentar deixar fluir de cada ambiente todas as emoções positivas de seus significados intrínsecos. Para Casé, a proposição programática e técnica deve objetivar em primeira instância essas vibrações positivas e, portanto, a escolha de todos os materiais e equipamentos, cores e espaços precisa ir na mesma direção.

Projetar um hotel, portanto, constitui sempre uma atividade bastante complexa, em que o arquiteto deve ser o intérprete das aspirações do empresário e do hóspede. Essa visão da arquitetura é fundamental para a correta distribuição dos espaços, soluções e visão global e de detalhes, a fim de criar um resultado altamente positivo para uma composição arquitetônica harmoniosa. Geralmente, associamos um bom serviço a um bom projeto de edifício. Para começar os inúmeros detalhes devem merecer igual atenção do arquiteto, para que todos os ambientes traduzam a intenção de bem servir aos hóspedes.

Deve-se pensar sempre que o hóspede é extremamente exigente, e que não admite em um hotel o que não admitiria em sua casa. Daí a importância da atenção dada a todas as insignificâncias, para que tudo contribua para realçar aquela fantasia inicial do hóspede.

Pela sua complexidade, com tantos detalhes e inter-relações, a concepção de um hotel não pode prescindir de uma consultoria, de um planejamento de técnico conhecedor do assunto em profundidade.

Assim entendem os arquitetos Sérgio Rocha e Luiz Paulo Conde:

> A arquitetura hoteleira é uma ciência em que nada pode ser inventado; a atitude correta, então, seria a de adequar em um só hotel os pontos positivos de outros hotéis. Fatores como o segmento do mercado, o perfil do usuário e a viabilidade econômico-financeira (pelos padrões internacionais, o retorno do capital investido em um empreendimento hoteleiro só acontece após um período de oito a dez anos do início da operação do estabelecimento) exigem cuidados prévios que devem anteceder o projeto arquitetônico (1987, p. 37).

Outro fator fundamental no sucesso de um hotel é a localização. Em uma estrada, por exemplo, o melhor local seria junto a um posto de gasolina, pois este nunca fica em uma curva, dispondo sempre de boa visibilidade. Conrad Hilton, proprietário da cadeia Hilton de hotéis, afirma sempre: "Três fatores concorrem para o sucesso de um hotel: localização, localização e localização".

Os cuidados com o uso e a ocupação do solo, a preservação do meio ambiente vigente em cada local, assim como os relacionados com a topografia, a paisagem e a infraestrutura existente também contribuem para o sucesso do hotel.

Esse ponto, entretanto, faz parte de um estudo maior e de uma etapa anterior, na qual serão determinados a faixa de mercado que se pretende atingir, a categoria, o número de apartamentos, a demanda, os custos globais e os prazos de amortização. Só a partir de então é que começa o trabalho do arquiteto.

Do ponto de vista da arquitetura de exteriores, grande parte dos arquitetos concorda com a impessoalidade existente nos hotéis das grandes redes, que, antes de tudo, são sinônimos de um serviço, de um padrão de atendimento estabelecido internacionalmente. Algumas pessoas, principalmente executivos e homens de negócios, talvez prefiram esse tipo de ambiente, onde tudo já está previsto: em qualquer lugar do mundo esses hotéis apresentarão sempre o mesmo padrão de atendimento. É a chamada *arquitetura universal*. Uma arquitetura introvertida, isolada dos diversos ambientes onde pousa.

Por outro lado, inúmeros hotéis de lazer têm por norma a identificação com o caráter e a cultura regional dos locais onde são implantados. Basta ver os projetos de Severiano Mário Porto, que desde 1965 atua em Manaus. O exemplo maior é a pousada na Ilha de Silves, a 55 minutos de táxi aéreo de Manaus, com uma arquitetura integrada, simples e econômica, mas não menos confortável.

Paulo Casé procura sempre expressar seu contato com a natureza e elementos da própria região através da horizontalidade, tentando demonstrar efetivamente em nome de que cultura o edifício foi construído. Tal preocupação o arquiteto demonstrou nos vários projetos realizados no semiárido nordestino, principalmente no Rio Grande do Norte. Entre os empreendimentos mais destacados está o Hotel Termas de Mossoró, região quente mas de ventilação constante, onde Casé introduziu elementos construtivos para aproveitar a ventilação natural da região, além de materiais e técnicas construtivas locais.

Grande parte dos arquitetos salienta a necessidade de espaços menores, mais charmosos e aconchegantes, "dotados de escala humana, menos impessoais, menos industriais", como Lembra Luiz Paulo Conde, numa clara alusão nostálgica à tipologia de César Ritz. Já para outros arquitetos, a linha dos hotéis da Hyatt Regency é tida como surrealista, com espaços fora da vida real, bons de serem vistos, mas que deixam o usuário deprimido e angustiado. Vários deles inclusive ressaltam que jamais se hospedariam num hotel cinco estrelas. Por que os grandes hotéis são considerados melhores que os pequenos? Para Paulo Casé, este é um problema eminentemente cultural.

Segundo consultores especializados, existem três pontos fundamentais para se ter um bom projeto de hotéis: *bom senso*, evitando qualquer tipo de excesso e radicalismo; *circulação clara e precisa*, sem meandros e labirintos; e conhecimento, por parte do investidor, de que *o empreendimento só dará lucro com uma taxa de ocupação acima de 55%*.

Paulo Casé fornece a receita para projetos de hotéis no Brasil: "Diluir o *savoir-faire* e o *know-how* em pequenas porções de nossas ervas medicinais".

7.1 Componentes de um hotel

Todos os itens aqui relacionados devem ser devidamente considerados em qualquer projeto de hotel, independentemente do que se pretende instalar. Entretanto, convém salientar que parte significativa de seus desdobramentos se referem a grandes hotéis urbanos.

Para o projeto arquitetônico propriamente dito, os pontos a considerar são os seguintes:

- Forma da planta dos andares de hospedagem (planos horizontais).

- Número de apartamentos por andar e tipologia das UH (definição do padrão do hotel).

- Número de andares (análise das superfícies das fachadas; planos verticais).

- Tipo de corredor: centralizado com apartamento em ambos os lados (duplamente carregado) ou lateral, com apartamento em um só lado do corredor (simplesmente carregado).

- Instalações: tipo e posição, no andar, do "*core*" (local destinado a circulações verticais, como escadas, elevadores de hóspedes e serviço, monta-cargas, componentes elétricos/eletrônicos, hidráulicos, de climatização, entre outros, e áreas de apoio).

Ou seja, os cinco itens transformam-se em duas questões básicas: os espaços construídos e os equipamentos necessários para o funcionamento do edifício.

Antes de qualquer análise das configurações formais e respectivas variações de custos a serem feitas a seguir, chamamos atenção para as diferenças, economicamente falando, de como se comportam as distintas partes de um edifício, embora, em termos construtivos, estejam ligadas entre si.

Os espaços construídos são função direta de suas dimensões. Já as instalações dependem de outras variáveis. A circulação vertical, por exemplo, tem seu custo aumentado com a presença de elevadores, da mesma forma como o número de banheiros aumentará, proporcionalmente, os custos das instalações sanitárias. E assim sucessivamente.

Esse fato é tão importante que a presença ou a ausência desses equipamentos indica a qualidade ou não do edifício e seu nível socioeconômico, servindo inclusive de parâmetro para a composição dos custos da obra.

Resumindo, o custo dos espaços construídos dependerá sempre de suas dimensões: *comprimento*, *largura*, pé-direito, número de pavimentos etc.

A variação dos custos em todos esses itens é contínua e dependente sempre do custo da construção. Entretanto, os custos de *uso* (operação do edifício) e *manutenção* são mínimos, podendo ser previstos facilmente e programados com bastante antecedência, – principalmente a manutenção – para que o edifício mantenha constante seu desempenho e a vida útil prevista.

O custo dos equipamentos, entretanto, depende de uma decisão dicotômica (sim ou não relativo a um ou outro tipo de equipamento), pois as decisões de escolha possuem menor influência e peso muito menor.

Ressalte-se, por outro lado, serem mais importantes que os custos de construção e instalação dos equipamentos os custos de *manutenção e uso*, pois são mais difíceis de prever e, geralmente, feitos de forma corretiva, e não preventiva. No mais das vezes, efetua-se a manutenção quando o defeito aparece, afetando a própria instalação e as partes do edifício que a contêm.

A manutenção dos *espaços construídos* pode ser adiada (embora no caso de um hotel isso comprometa a imagem do estabelecimento), pois só em longo prazo o edifício deixará de cumprir sua missão. Já uma *instalação* sem manutenção constante ou preparo antecipado pode tornar o edifício inabitável em poucas horas e causar danos mais onerosos que a própria instalação.

Resumindo:

- Custo da construção
  - Espaços: 60%
  - Instalações: 40%
- Custo da manutenção:
  - Espaços: 30%
  - Instalações: 70%

Como o maior custo da construção está nos *espaços* e o maior custo da manutenção, nas *instalações*, no projeto e na construção de um hotel deve-se atentar para duas decisões:

- na construção civil: minimizar os custos da construção;
- nas instalações: minimizar os custos com manutenção.

Com relação à construção civil, deve-se procurar minimizar a quantidade de materiais a serem utilizados, assim como custos unitários, pois, nesse caso, os custos de manutenção são sempre menores que os de construção. A vida útil de um revestimento, de um piso ou tinta não deve ser fator de grandes preocupações (não estamos afirmando a prática de usar materiais de baixa qualidade), pois são de mais fácil manutenção. Apenas enfatizamos que, em comparação com os custos de implantação e manutenção dos equipamentos, eles são menores.

Quanto às instalações e equipamentos, o contrário ocorre. A escolha de sistemas, elementos e materiais deverá sempre se dar visando a minimizar os custos de manutenção, sem se preocupar demais com os custos iniciais de implantação e instalação.

Deve-se dotar os edifícios de instalações e equipamentos procurando adquirir aqueles que apresentem a menor possibilidade de falhas, mesmo que se trate da alternativa mais cara.

Considerando uma média de edifícios hospitalares e decompondo a sua composição em planos horizontais, verticais e instalações, seus custos e relações percentuais, obteve-se os seguintes valores:

Tabela 7.1 Custos dos planos horizontais e verticais – Diferentes elementos

Elemento construtivo	Participação nos custos	Elemento construtivo	Participação nos custos
Planos horizontais	%	Planos verticais	%
Estrutura resistente	65 a 75	Alvenaria, pilares, isolamento	25 a 35
Contrapiso e piso	3 a 6 e 15 a 30	Acabamentos (reboco, pintura e azulejos)	30 a 40
		Caixilharia e esquadrias interna e externa	30 a 40
Total	100	Total	100

Pela análise da Tabela 7.1, observa-se que nos *planos horizontais* o maior custo está relacionado com a estrutura resistente. Será importante, então, uma adequada modulação no tipo da estrutura escolhida aos vãos que ela vai vencer.

É muito frequente a adoção de uma "malha" quadrada de 7,20 × 7,20 m. Essa "malha" é baseada no módulo básico de 1,20 m × 1,20 m e submúltiplo de 0,30 m × 0,30 m. Ela permite a posição dos pilares com vãos de 7,20 m em estrutura convencional com viga de 0,60 cm, dois apartamentos de 3,60 m – padrão dos hotéis 5 estrelas – e, em caso de estacionamento no subsolo, o aproveitamento de até três vagas de automóveis.

Já os *planos verticais* devem ser abordados de maneira diferente. Os custos estão intimamente ligados a materiais de acabamento (internos e externos) e vedações móveis para aberturas (esquadrias em geral).

É pesquisando sobre a composição desses elementos que o arquiteto poderá obter maior economia na construção. Os acabamentos verticais incidem em um percentual de 9% a 22% na composição dos custos de um edifício verticalizado. A regra é geral: os custos dos planos verticais para os primeiros entre 20% e 24% e para os segundos entre 26% e 30%, de acordo com Fritz Rafeiner, engenheiro alemão (ver livro *Construcción de edificios en altura*) que estudou os custos de edifícios residenciais e de escritórios com até vinte andares.

Tabela 7.2 Custo dos acabamentos nos planos verticais	
Elementos	Participação nos custos (%)
Chapisco, emboço, reboco externo	20 a 25
Emboço e reboco interno	25 a 30
Pintura externa	7 a 10
Pintura interna	10 a 15
Revestimentos, impermeabilização, azulejos	15 a 30
Rodapés	2 a 4
Total	100

Observando-se a Tabela 7.2, verifica-se que três elementos influenciam fortemente os custos dos *planos verticais* no item acabamentos: o revestimento externo, o revestimento interno e a impermeabilização.

A escolha criteriosa de cada um desses elementos ou seu uso racional pode resultar em grandes economias, como:

- utilizar alvenaria de boa qualidade, com tijolos regulares, que evite emboços muito grossos, aumentando substancialmente o custo da obra e influindo nos acabamentos externos e internos;

- aplicar azulejos somente no box do banheiro utilizando tintas impermeabilizantes nas outras partes menos expostas à água;

- observar criteriosamente a adoção de outros tipos de revestimentos, como granitos, PVC e elementos laminados de fórmica ou de alumínio, panos de vidro etc.

7.2 Forma e dimensões do edifício e seus ambientes: influência no custo da construção em geral e do hotel em particular

Comumente, quando empreendedores de alguma obra se preocupam com a redução de custos, apelam para uma redução na qualidade, adotando materiais mais baratos, modificando o tipo de execução do prédio, ou então sacrificam uma melhor habitabilidade, reduzindo as dimensões ou o número de ambientes. Raramente se utiliza uma melhor "forma" na composição arquitetônica ou um dimensionamento mais racional.

Esse equívoco, usualmente difundido, baseia-se em conceitos incorretos, como o de pensar que a simples redução do ambiente ou do conjunto de ambientes seja um fator de redução dos custos na mesma proporção de seu tamanho.

Já foi verificado que os *planos verticais* são responsáveis, em média, por 34% dos custo de uma obra. Esse percentual pode variar entre 17% e 45%, com três fatores determinando tal variação:

1. Os sistemas construtivos empregados e os materiais componentes.

2. O tamanho médio dos ambientes, que determina a quantidade média de paredes por metro quadrado construído.

3. O índice de compacidade, ou seja, a forma do edifício e de seus ambientes, que influi fortemente na quantidade média de paredes por metro quadrado construído.

É fácil verificar e imaginar que o tamanho médio dos locais influi nos custos da construção. O que poucos verificam, entretanto, é a forte influência que a "forma" do edifício e de seus ambientes exercem nos custos.

7.3 Forma, superfície útil e custos

Objetivando-se esclarecer os conceitos transmitidos anteriormente, serão mostrados alguns exemplos da questão forma/superfícies *versus* custos. Outro item que convém ressaltar diz respeito à área, ao tamanho e à simplificação das esquadrias, principalmente no tocante a sua manutenção.

Na Tabela 7.1, verifica-se a alta incidência das esquadrias na participação nos custos dos planos verticais, devendo-se relacionar alguns pontos que podem proporcionar uma boa economia em sua aplicação:

- modulação das partes componentes da esquadria em função da oferta das dimensões dos perfis industrializados, como alumínio, ferro, PVC etc.;

- proteção em caso do uso da madeira;

- proteção adequada na composição da esquadria na relação entre área de iluminação e área de ventilação;

- possibilidade de utilização da esquadria nas diversas condições do clima (chuva, ventos, calor, frio ou mesmo conforto proporcionado por ar-condicionado;

- utilização de artifícios construtivos como o "peitoril ventilado", que pode proporcionar o atendimento de outras exigências relacionadas acima, proporcionando ainda uma solução bastante econômica. Ver Figura 7.1 a seguir;

- corredor simplesmente carregado e corredor duplamente carregado. Formas básicas de organização do pavimento tipo de apartamentos.

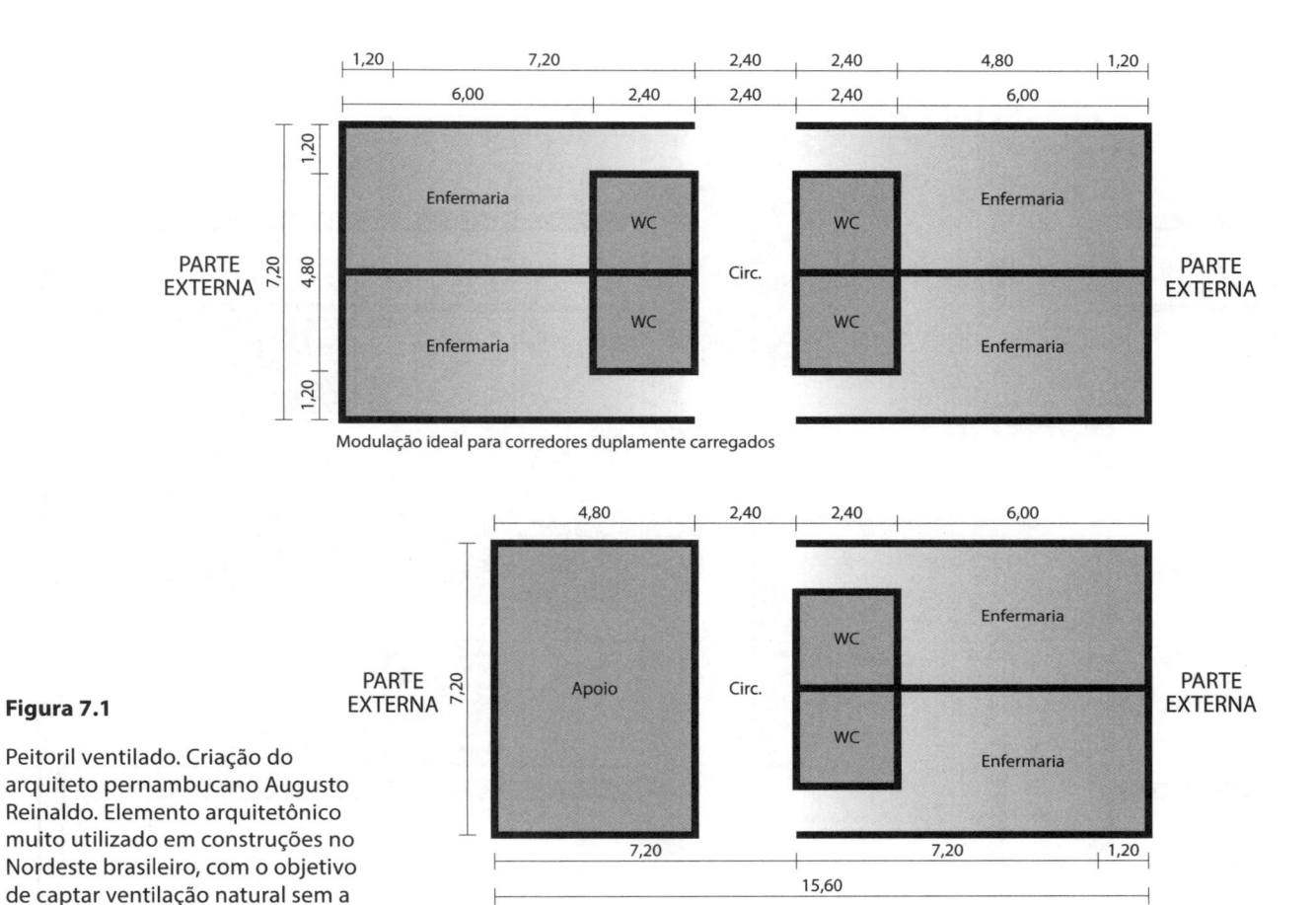

Modulação ideal para corredores duplamente carregados

Modulação ideal para corredores simplesmente carregados

Figura 7.1

Peitoril ventilado. Criação do arquiteto pernambucano Augusto Reinaldo. Elemento arquitetônico muito utilizado em construções no Nordeste brasileiro, com o objetivo de captar ventilação natural sem a necessidade de abrir a janela.

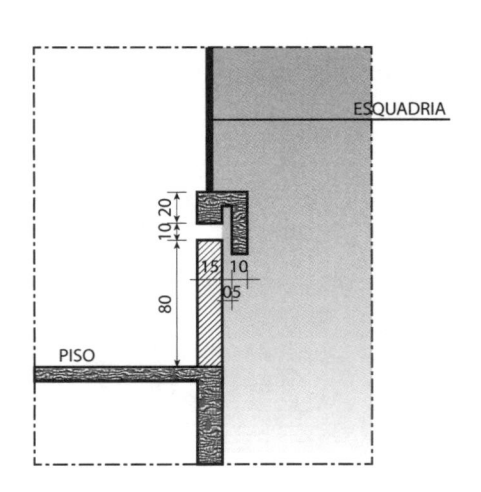

Figura 7.2

Peitoril ventilado. Detalhe.

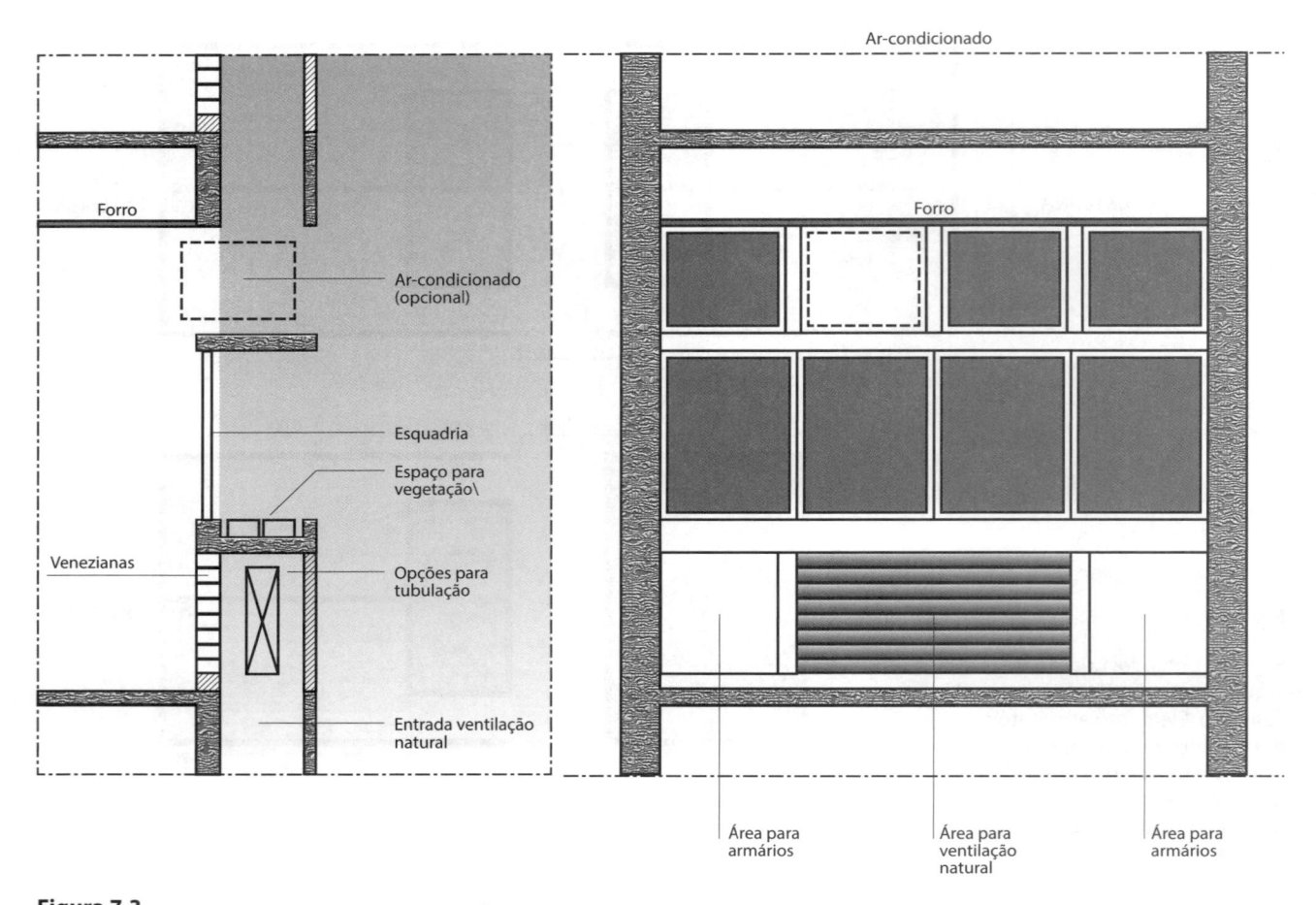

Figura 7.3

Outras formas de peitoril ventilado.

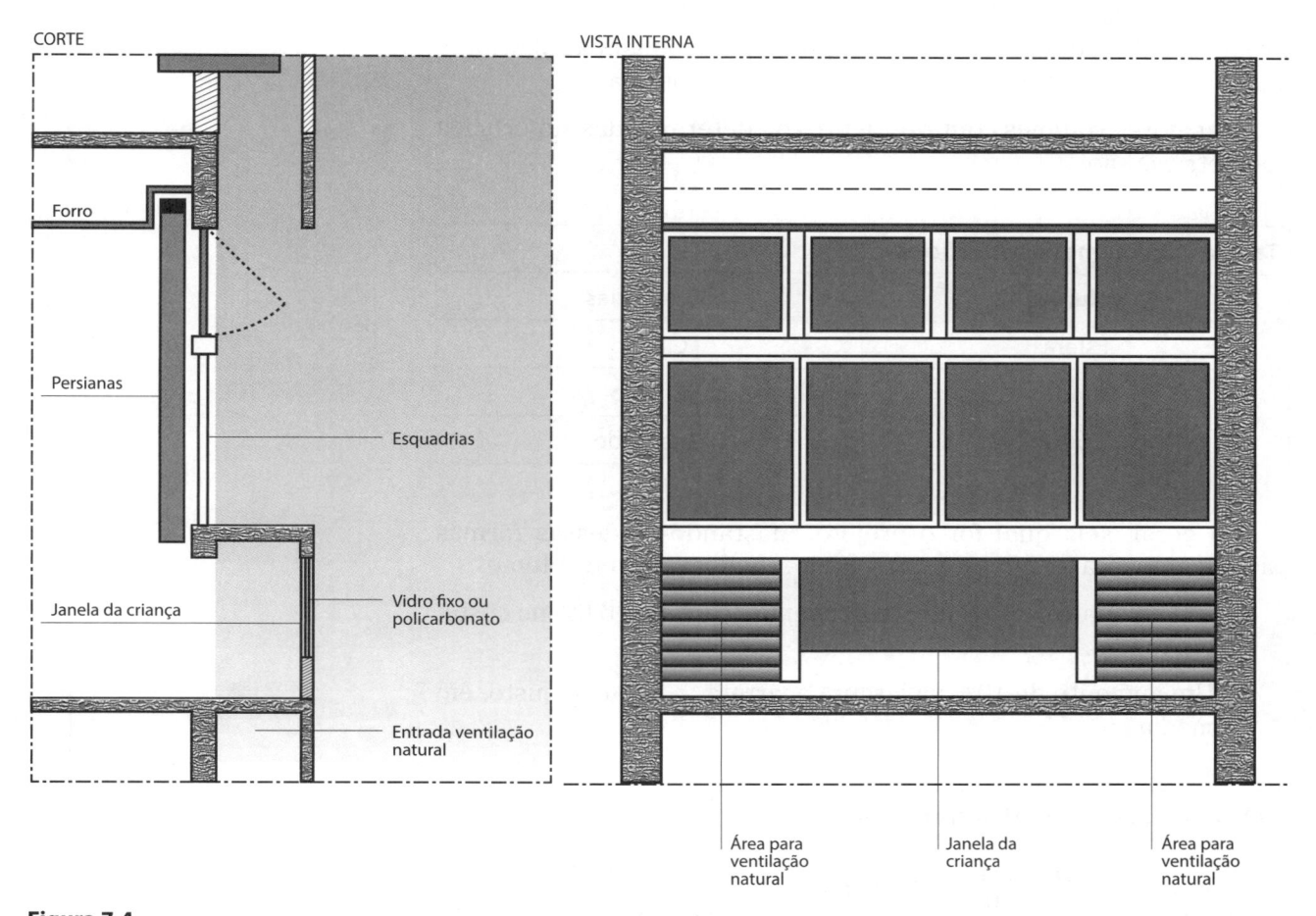

CORTE

Forro

Persianas

Esquadrias

Janela da criança

Vidro fixo ou policarbonato

Entrada ventilação natural

VISTA INTERNA

Área para ventilação natural

Janela da criança

Área para ventilação natural

Figura 7.4

Outra forma de peitoril ventilado.

FORMAS BÁSICAS

A = 100
P = 35,4
R = 2,8

A = 100
P = 40,0
R = 2,5

20
5   A = 100
P = 50,0
R = 2,5

50   2
A = 100; P = 104,0; R = 0,08

Figura 7.5

Formas básicas.

O peitoril ventilado permite a ventilação natural nos meses de chuva, geralmente com ventos fortes, mantendo as janelas fechadas e evitando a entrada de água. O importante é, na parede oposta à janela e ao peitoril, criar as condições para a saída do ar com as equações:

Entrada de ar = Saída de ar → Vento flui normalmente
Entrada de ar < Saída de ar → Vento flui com maior intensidade e força
Entrada de ar > Saída de ar → Vento não circula

Analisemos: forma, comprimento do perímetro e superfícies úteis. Verifica-se, de acordo com a Figura 7.5, que a resultante de maior superfície útil é a área de *forma circular* e, logo depois, o *quadrado*, embora a área permaneça constante. Fatalmente, em função da maior quantidade de paredes que solicita, as formas retangulares apresentarão custos maiores.

A forma *circular,* embora resultando em maior superfície útil, é pouco utilizada nos edifícios em geral e nos hoteleiros em particular. Problemas de ordem construtiva, surgimento de ângulos superiores a 90°, questões culturais etc. influenciam essa postura.

Os maiores volumes contidos dentro de determinadas superfícies geométricas são:

Tabela 7.3 Volumes e superfícies

Volumes	Superfícies
Esfera	Círculo
Cilindro	Círculo
Cubo	Quadrado

Em geral, seja qual for o projeto, afastando-se dessas formas básicas aumenta-se a relação entre superfície externa e volume.

- Um aumento de 10% no comprimento acarreta + 6,0% no custo, em média.

- Um aumento de 10% na largura acarreta + 4,5% no custo, em média.

Tabela 7.4 Formas, perímetros e áreas

Forma da planta	Superfície da planta (m²)	Perímetro (m)	Relações	
			Perímetro/ Superfície	Lado maior Lado menor
Circular		100,00	35,44	
Quadrada	10 × 10	100,00	40,00	1,00
Retangular	5 × 20	100,00	50,00	4,00
	4 × 25	100,00	58,00	6,25
	2 × 50	100,00	104,00	25,00
	1 × 100	100,00	202,00	100,00

Como, em princípio, o custo dos planos horizontais e das instalações é independente da relação lado maior/lado menor da planta do prédio, pode-se chegar a uma variação de custos totais, como mostrado na Figura 7.6.

Não existe, na Figura 7.7, escala nas ordenadas, em função de que ela depende de fatores como: tipo de parede para fechamento adotada, tipo de estrutura resistente, acabamento etc. Mesmo assim, a figura indica como podem variar os custos de construção em função das formas do projeto.

Outra forma de analisar a questão é verificando a influência do tamanho dos compartimentos em seu custo.

Normalmente, acredita-se que uma redução da superfície de um ambiente ou de um prédio qualquer com n compartimentos leva a uma redução de custos na mesma proporção em que a superfície foi reduzida. Ou seja, uma redução de 10% na área acarretaria uma redução de 10% nos custos, mas isso não ocorre.

Exemplo:

$$\text{Área original: } 10 \text{ m} \times 10 \text{ m} = 100 \text{ m}^2$$
$$\text{Área com redução: } 9 \times 9 = 81 \text{ m}^2$$
$$\text{Redução da área: } 19\%$$

Como já foi visto, os custos dos edifícios se dividem em 26% para os *planos horizontais*, 34% para os *planos verticais* e 40% para as *instalações*.

Na hipótese de que, no exemplo, os custos sejam distribuídos na mesma proporção da redução verificada na área, observaríamos as seguintes reduções nos custos:

- Nos *planos horizontais*: redução de 19% na área acarreta uma redução nos custos na mesma proporção. Mas, como os *planos horizontais* contribuem com 26% do custo total da edificação, sua influência é de apenas 4,9%. Ou seja:

$$26\% \times 19\% = 4,9\%$$

- Nos *planos verticais*, a redução será proporcional à redução do perímetro. O exemplo anterior estabelece um perímetro original de 40 metros, que foi reduzido para 26 metros, ou seja, uma redução de 9%. Como os *planos verticais* contribuem com 34% do custo total da construção, a influência será de 3,06%. Ou seja:

$$34\% \times 0,9\% = 3,06\%.$$

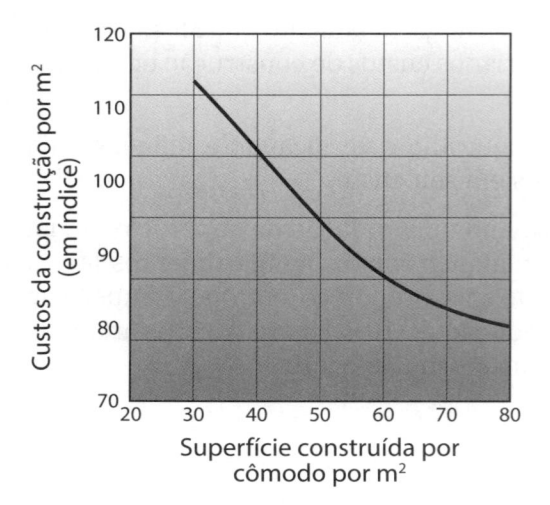

Figura 7.6

Variação dos custos da construção de acordo com a superfície construída por cômodo por metro quadrado.

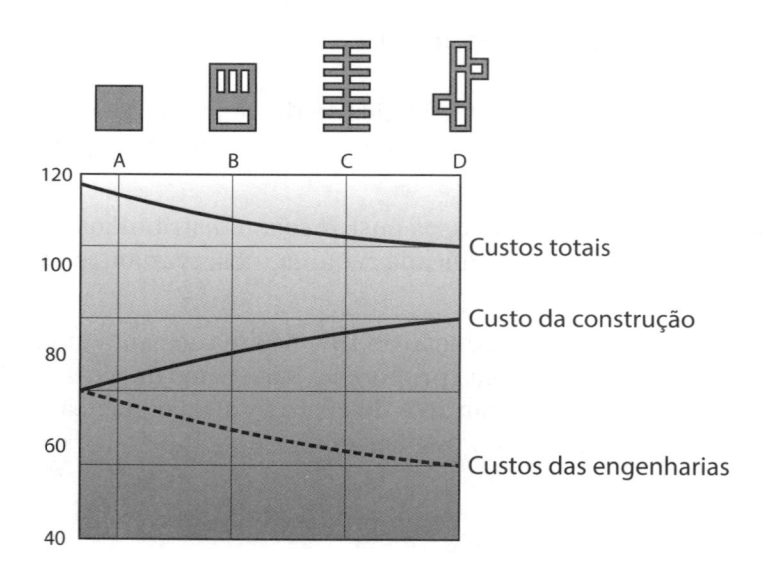

Figura 7.7

Variação dos custos em função da forma do edifício

7.4 Instalações

Nas instalações, a redução de custos é praticamente nula: o custo apenas se altera quando há redução em algumas tubulações, mas mesmo assim a variação é muito pequena. Em resumo, a economia geral nos custos será de 8,3%.

O exemplo mostra que, para uma diminuição de área de pouco mais de 10%, a redução de custos será de pouco mais de 8%.

De modo geral, a média de distribuição de custos será, aproximadamente, igual ou menor que a metade da área.

Segundo o Department of Health and Social Security, da Inglaterra, a economia inicial dos blocos compactos para edifícios como hospitais e hotéis, por exemplo, é eliminada pelos custos muitos maiores associados à dependência dos sistemas de iluminação artificial das áreas confinadas e pelo uso do ar-condicionado em ambientes que poderiam dispensar seu uso.

As seguintes conclusões podem ser tiradas com relação às instalações:

- usar ar-condicionado apenas onde for estritamente necessário e com controle de uso;

- trabalhar o andar tipo de apartamentos com soluções que impliquem redução do perímetro;

- repensar tipologias e padrões dos apartamentos;

- usar varandas apenas quando a paisagem justificá-las. Não adianta construir uma varanda quando não se tem para onde olhar;

- proceder sempre com o índice de compacidade na análise de desempenho das plantas do edifício.

7.5 Índice de compacidade

O método utilizado para avaliar a relação entre as paredes que envolvem um edifício e sua superfície horizontal é chamada de índice de *compacidade*: trata-se da relação percentual que existe entre o perímetro de um projeto de uma edificação (construída ou não) e o perímetro de um círculo com área igual ao projeto considerado.

A fórmula matemática usada para expressá-la é a seguinte:

$$Ic = \frac{Pc100}{Pp}$$

Em que:
Ic = Índice de compacidade.
Pc = Perímetro de um círculo de área igual a do projeto considerado.
Pp = Perímetro das paredes exteriores, em planta, do projeto considerado.

O círculo, matematicamente, é a figura geométrica que apresenta o índice máximo de compacidade (100%).

Os projetos com índice de compacidade superior a 88% serão, em princípio, antieconômicos, pois certamente apresentarão plantas com formas curvas ou ângulos em paredes superiores a 90°. Essas duas características são antieconômicas.

Quanto mais próximo de 88%, desde que abaixo, estiver o índice de compacidade de um projeto, menores serão os custos da construção e menores as perdas e ganhos térmicos indesejáveis, acarretando redução nos custos de manutenção e uso (operação) do edifício.

Essas conclusões foram checadas por instituições de diversos países.

Exemplo de emprego da metodologia:

- um determinado projeto, com três alternativas diferentes mas contando com o mesmo programa, mesmas áreas e mesmo grau de eficiência;

- calcula-se o custo da construção de cada uma das alternativas e compara-se com o Ic;

- desenha-se uma série de edifícios de maneira a terem um grau de compacidade Ic decrescente. Calcula-se o custo da construção de cada um dos edifícios e compara-se com o índice Ic;

- procede-se como no caso anterior, mantendo-se programa, área e grau de eficiência;

- em relação ao afirmado sobre os custos de planos horizontais verticais, o resultado das pesquisas realizadas pelo Building Research Station, da Inglaterra, foi o seguinte:

  - em climas frios, os custos relativos das fachadas tendem a aumentar e, progressivamente, a cair nos planos horizontais;

  - em climas quentes, os custos relativos das fachadas tendem a cair e aumentar progressivamente a participação dos planos horizontais, principalmente o superior (cobertura) nos custos totais da obra;

  - em climas quentes, os ganhos com o índice de compacidade tenderão a apresentar percentual menor que nos climas frios, embora permaneçam;

  - as variações climáticas farão com que a curva modifique sua inclinação, mas como as fachadas são os planos verticais mais caros, a curva de diminuição de custos, com o aumento do Ic, sempre se manterá. Mudará apenas de escala, segundo o clima, mas nunca desaparecerá.

Outra forma de se avaliar a eficiência de um andar tipo de apartamentos em hotéis é pelo critério do *índice de eficiência*, no qual, além do índice de *compacidade*, aplica-se o *índice de vedação*, conforme veremos a seguir:

$$\text{Índice de compacidade} = \frac{\text{Soma das áreas dos apartamentos}}{\text{Área total do andar}} = 0{,}75$$

O resultado ideal (0,75) indica a ocupação do andar tipo menos o *core* (escadas, elevadores, *hall* adjacente e áreas de apoio do andar). Esse resultado deve ser considerado a área útil do andar.

$$\text{Índice de vedação} = \frac{\text{Perímetro do andar tipo}}{\text{Soma das larguras dos apartamentos}} = 1,00$$

A soma da largura dos apartamentos deverá ser a largura interna, parede a parede. Exemplos:

1. Hotel Caesar Park, rua Augusta, 1508, São Paulo (SP). Hotel de meio de quadra implantado entre outras edificações. Projeto de Edison Musa e Jacy Hargreaves.
   - Índice de compacidade: 0,81
   - Índice de vedação: 1,82

2. Hotel Nacional, São Conrado, Rio de Janeiro. Hotel de praia. Projeto de Oscar Niemeyer.
   - Índice de compacidade: 0,70
   - Índice de vedação: 1,00

3. Hotel Intercontinental, São Conrado, Rio de Janeiro. Hotel de praia. Projeto de Henrique Mindlin Associados.
   - Índice de compacidade: 0,77
   - Índice de vedação: 1,56

4. Hotel Porto do Sol, Praia de Camburi, Vitória (ES). Hotel de praia. Projeto de Paulo Casé e Luiz Aciolli.
   - Índice de compacidade: 0,64
   - Índice de vedação: 3,23

Figura 7.8

Hotel Caesar Park. Rua Augusta, 1508, São Paulo (SP). Fachada.

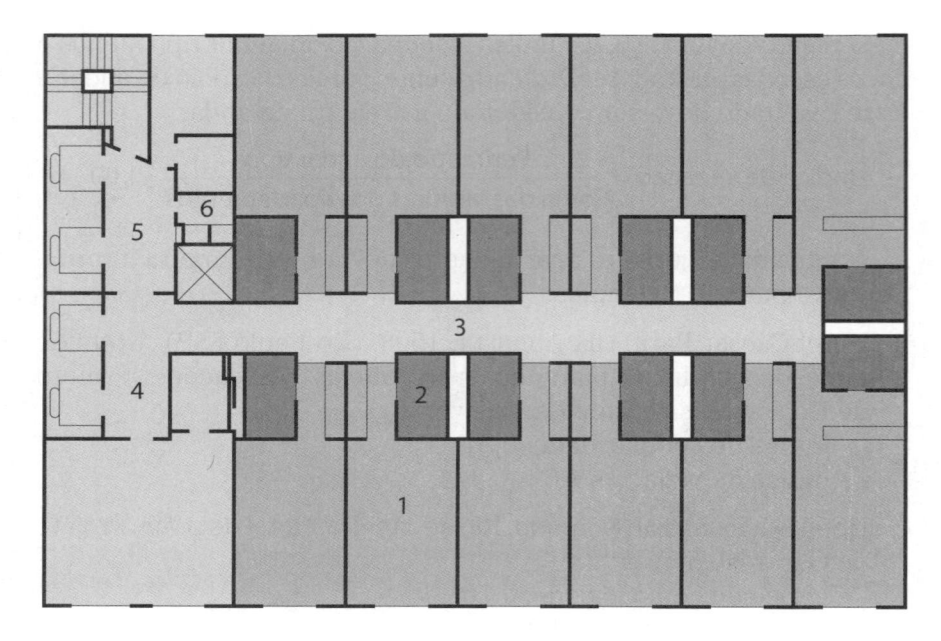

Figura 7.9

Hotel Caesar Park. Rua Augusta, 1508, São Paulo (SP). Planta do pavimento tipo de apartamentos. Índice de compacidade = 0,81; índice de vedação = 1,82.

No caso do Hotel Caesar Park da rua Augusta, em São Paulo, o *core* (circulações verticais) muito grande e a quantidade de paredes "cegas" nas empenas menores prejudicaram um melhor desempenho tanto no índice de compacidade (0,81), como no índice de vedação (1,82).

Figura 7.10

Hotel Nacional, Rio de Janeiro (RJ). Visão geral.

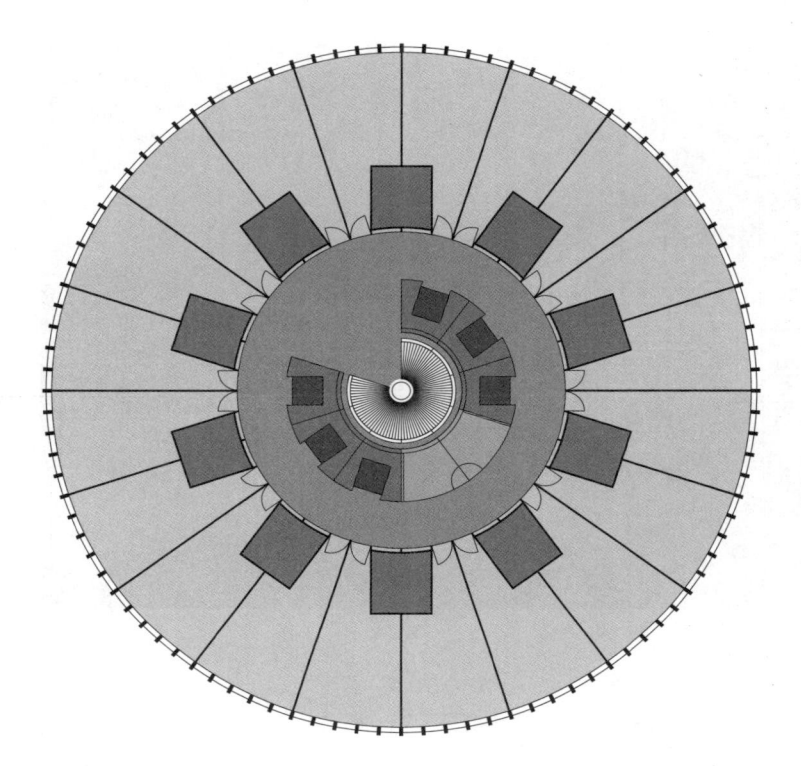

Figura 7.11

Hotel Nacional, Rio de Janeiro (RJ). Planta do pavimento tipo de apartamentos. Índice de compacidade = 0,70; índice de vedação = 1,00.

O Hotel Nacional do Rio de Janeiro, inaugurado em 1972, experimentou grande sucesso até seu fechamento, por dificuldades financeiras, em 1995. Tombado pelo Instituto do Patrimônio Histórico Nacional (Iphan), chegou a ser depredado e saqueado. Foi a leilão e, atualmente, está sendo recuperado. É um dos três hotéis existentes no Brasil com forma cilíndrica. O primeiro foi o Hilton São Paulo; o segundo, o Hotel Ducal em Natal (RN), hoje Secretaria de Saúde da prefeitura municipal, sendo o Hotel Nacional o terceiro exemplar. São raros os exemplos no mundo com esse tipo de planta.

A planta circular é a que oferece maior possibilidade de aproveitamento da área útil (índice de compacidade). Entretanto, sua pouca utilização deve-se ao fato de que as superfícies curvas e paredes com ângulos maiores que 90°, comuns neste tipo de planta, são fatores que aumentam muito os custos da obra.

Figura 7.12

Hotel Intercontinental, Rio de Janeiro (RJ).

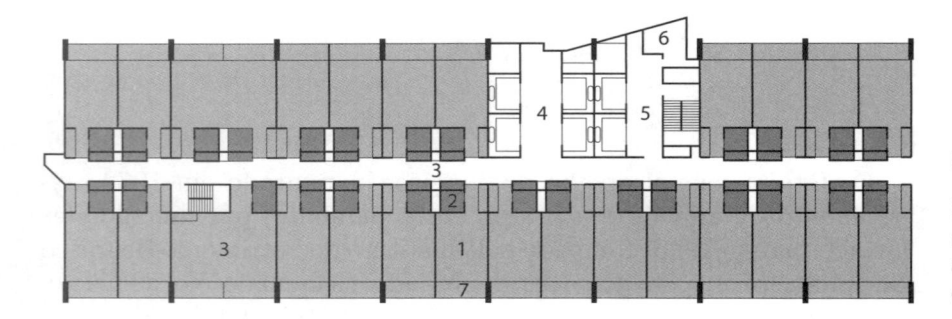

Figura 7.13

Hotel Intercontinental, Rio de Janeiro (RJ). Planta do pavimento tipo de apartamentos. Índice de compacidade = 0,77; índice de vedação = 1,56.

A implantação do edifício do Hotel Intercontinental, perpendicular à linha da praia, possibilitou um aumento no aproveitamento da área útil, com um índice de compacidade próximo do ideal (0,75%). Entretanto, a posição do *core* (circulações verticais), prejudicou um melhor rendimento no quesito aproveitamento total da fachada (índice de vedação).

O corredor *duplamente carregado* possibilitou também uma maior quantidade de apartamentos com vista para o mar.

Chama a atenção o fato de o *core* ter sido colocado na fachada oeste do edifício, onde estão as mais bonitas paisagens, como a Pedra da Gávea e outras montanhas do Rio de Janeiro, como pode ser visto na Figura 7.14, tirada a partir de um apartamento do hotel.

Figura 7.14

Vista de um apartamento do Hotel Intercontinental, Rio de Janeiro (RJ).

Figura 7.15

Hotel Porto do Sol, Vitória (ES).

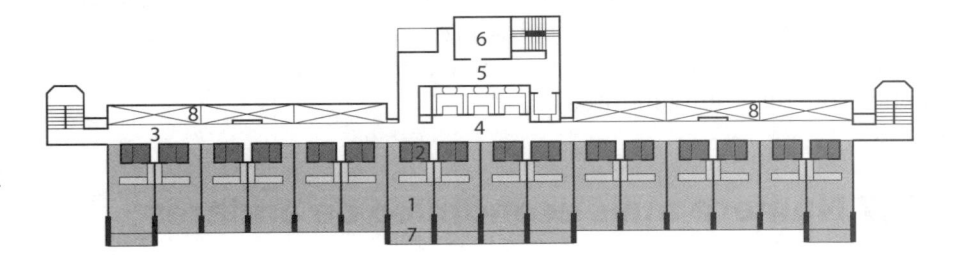

Figura 7.16

Hotel Porto do Sol, Vitória (ES). Planta do pavimento tipo de apartamentos. Índice de compacidade = 0,64; índice de vedação = 3,23.

No Hotel Porto do Sol, em Vitória (ES), a opção de colocar todos os apartamentos com vista para o mar, utilizando o corredor *simplesmente carregado,* acarretou a baixa utilização da área útil (índice de compacidade) e aumentou consideravelmente o perímetro com uma fachada totalmente vedada, aumentando seu custo.

A adoção da solução leste em vários projetos de hotéis do Nordeste brasileiro tem em vista o aproveitamento não só da vista para o mar, como também da ventilação natural, constante no quadrante nordeste/sudeste durante todo o ano.

Em geral, com a adoção do *corredor simplesmente carregado*, o outro lado da circulação oposta aos apartamentos fica aberta ou vedada com cobogós.

7.6 Altura do edifício: custos

Quando se adota a verticalização para um edifício, geralmente se entende que o principal condicionante é o preço da terra. Tal visão é incorreta, embora a lógica econômica recomende a compensação do alto preço da terra com a multiplicação dos andares. Entretanto, o custo da construção varia com a altura do edifício, e essa variação surge a partir de uma série de componentes que devem ser analisados distintamente, como:

- variação do pé-direito (piso a forro) e pé-esquerdo (piso a piso);
- quantidade de andares;
- espaços intersticiais.

Em função dos altos custos de um hotel, alguns arquitetos adotam o critério de redução e ampliação do pé-direito ou do pé-esquerdo, de acordo com o setor do hotel. Consideramos tal postura equivocada. Além dos problemas de execução, os sistemas de lajes, com alturas alternadas, não reduz substancialmente os custos da obra, embora haja algumas variações. Em geral, a variação acontece mais no pavimento térreo, quando ali se concentram cozinhas, almoxarifados, subestações, depósitos variados etc., que sempre exigem alturas maiores para seus ambientes (coifas, desvios finais de tubulações, entre outros equipamentos).

7.7 Número mais econômico de andares

A respeito do número mais econômico de andares, algumas considerações precisam ser feitas. Em geral, os fatores que acarretam variações nos custos das construções com relação à altura dos edifícios, com influência crescente em função do aumento do número de andares, são:

- estrutura;
- elevadores;
- fachadas;
- instalações em geral;
- duração da obra;
- insumos e mão de obra.

Cada elemento citado tem um custo que cresce com mais intensidade conforme cresce a altura do edifício. Por exemplo, se um determinado edifício com um determinado número de andares tem uma instalação de custo "x", um edifício de mesmo tipo mas com o dobro de andares terá uma instalação duas vezes mais cara.

Cada pavimento agregado ao edifício é mais caro que o anterior (relativo a cada elemento considerado). Sendo assim, o custo da construção é crescente. Acima de dez andares, o custo de cada pavimento agregado eleva-se de forma exponencial.

Têm influência decrescente no custo, em função do aumento do número de andares:

- movimento de terra;
- subsolos;
- cobertura;
- vestíbulo dos elevadores;
- terreno ocupado.

Têm influência variável nos custos, podendo ser crescente ou decrescente:

- fundações;
- transporte dos materiais em altura.

Considerando-se todos os itens e relacionando-os com nossos costumes de construir, ou seja, estrutura resistente de concreto, formado por pilares, vigas, lajes e vedações em alvenaria de tijolos cerâmicos, surge uma situação como a das Tabelas 7.1 e 7.2, nas quais se verifica que os itens decrescentes, como coberturas e estrutura, tendem a se compensar em alturas intermediárias.

A curva de edifícios com elevadores desenvolve-se acima da curva de edifícios sem elevadores (Figura 7.17).

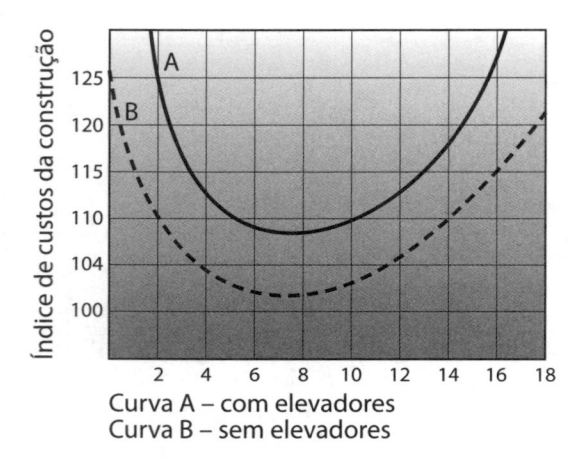
Curva A – com elevadores
Curva B – sem elevadores

Figura 7.17

Custo da construção com e sem elevadores.

Pelas curvas, os edifícios mais econômicos seriam os de sete ou oito andares sem elevadores. No Brasil, porém, o máximo permitido são quatro andares sem elevadores. Em alguns países da Europa, esse número é de seis pavimentos. De qualquer forma, com hotéis isso é impraticável.

O uso de rampas também é impraticável. Com inclinações mínimas exigidas entre 5% e 10%, seriam enormes as áreas perdidas.

7.8 Espaços intersticiais

São os chamados *andares técnicos*, construídos para conter equipamentos e instalações. Utilizados inicialmente em hospitais europeus, a partir da década de 1960 seu uso disseminou-se pelo mundo.

Nas soluções verticalizadas, vem sendo comum a adoção desses andares. Intercalados entre dois ou mais andares, esses espaços são uma ampliação do "forro falso", que esconde as instalações mas não permite manutenções sem que sejam interrompidas as atividades do ambiente considerado.

O espaço intersticial é, na realidade, um andar comum, com pé-direito menor: recomenda-se 2,40 m, embora muitos adotem um mínimo de 0,90 m.

A utilização desses espaços afasta o edifício vertical da obsolescência, pela possibilidade da incorporação de novas tecnologias sem maiores custos com obras e adaptações. Os custos com a adoção de pavimentos técnicos ainda são estudados, mas estima-se um incremento de 12% a 15% nos custos totais da obra. O retorno para esse acréscimo de investimento, entretanto, é seguro. A não exigência de acabamentos ou revestimentos caros, ou de qualquer tipo de caixilharia, confere um padrão econômico para os referidos espaços.

Deve haver conexão com um módulo técnico vertical para permitir uma distribuição integrada, organizada e ordenada dos sistemas de abastecimento e suprimento. Sem um planejamento adequado da ocupação pelos sistemas de instalação, a flexibilidade será prejudicada.

É necessário prever, ainda, facilidade de acesso para manutenção e armazenagem dos equipamentos, assim como agrupar serviços e funções que demandam sistemas comuns de abastecimento.

O piso que separa o andar mecânico das áreas de atendimento abaixo (caso o sistema alimentador fique por cima) deve reservar algumas recomendações:

- cálculo de sobrecarga para acomodar componentes dos sistemas de manutenção;

- capacidade de resistência ao fogo;

- bom comportamento acústico;

- boa possibilidade de perfuração e acabamento das lajes, com equipamentos simples, para possibilitar a introdução dos sistemas projetados e montados durante a construção ou de outros incorporados em função de reformas, ampliações e introdução de novas tecnologias;

- deve suportar peso de equipamentos que necessitem ser pendurados.

A adoção ou não do pavimento técnico deve ser precedida por uma criteriosa análise das vantagens e desvantagens de seu uso. Cada caso é um caso. Tudo se resume, então, à questão de como verticalizar e de como os planos horizontais se articularão com essa postura.

8 Outros aspectos das construções

Como em qualquer tipo de obra, alguns pressupostos básicos orientam a possibilidade de êxito funcional e econômico dos custos totais da construção: centralização de equipamentos, padronização de soluções construtivas, dimensionamento correto e visão global dos custos.

Os custos parciais aproximados para a construção de um hotel urbano, em relação ao total da obra, podem ser relacionados como na Tabela 8.1, considerando-se que um hotel tem uma área de aproximadamente 40 m²/leito.

Tabela 8.1 Percentual dos custos por serviços	
Serviços	**% dos custos**
Elementos estruturais (estrutura, cobertura, vedações, esquadrias, escadas etc.)	33
Acabamentos (pintura, decoração, acessórios etc.)	15
Serviços, sanitários, tubulações, água, esgotos, aquecimento, ar-condicionado	27
Preliminares (seguros etc.)	20
Projetos (arquitetura, estruturas e instalações)	5
Total	100

Fonte: Lawson, 1976.

Além da utilização de um desenho simplificado e de sistemas construtivos *standard*, isto é, industrializados, dois outros fatores influenciam bastante a redução final de custos. O primeiro é a centralização de equipamentos, que, além da providência positiva no aspecto de segurança, facilita o acesso para obras de manutenção e reparos, resultando numa economia de custos. A manutenção representa um adicional de 3% ao ano sobre o custo inicial da obra em até vinte anos. O segundo é decorrência do primeiro, através de um planejamento objetivo de áreas e materiais. Quando isso não é feito de maneira correta, pode até haver uma economia inicial, que no entanto mascara operações futuras de manutenção e operação muito maiores e frequentes.

8.1 Acessos

Todos os pontos de entrada e saída do hotel deverão estar claramente definidos, a fim de se evitar congestionamento de pessoas e inconvenientes aos hóspedes. Inicialmente, pode-se pensar em cinco acessos distintos:

- hóspedes;
- convenções;
- empregados;
- entrega de mercadorias;
- lixo.

A entrada dos hóspedes precisa ser a mais tranquila do hotel, facilmente identificável de dia e à noite, com acesso de pedestres e veículos, e conduzi-los diretamente à recepção. Por questões de controle e segurança, convém que a entrada de empregados seja diferenciada da de mercadorias. Essa última, além de ser um ponto bastante nevrálgico, deverá prever áreas suficientemente grandes para carga e descarga de mantimentos e mobiliário. O ideal é uma plataforma com, no mínimo, 3,60 metros de largura e extensão possível, de preferência coberta. Também é necessário definir sua localização tendo em vista o fluxo de veículos nas ruas que lhe dão acesso. Por fim, o último item, lixo, requer áreas especiais refrigeradas, abrigadas de calor, chuva, vento, insetos e roedores, com o objetivo de se reduzir ao máximo o risco de disseminação de ruídos e odores.

8.2 Saguão

É o cartão de visita do hotel, o local por onde o hóspede entra, sai, olha, espera, encontra, observa. É a área que tipifica o hotel: o coração do edifício, onde o hóspede tem a primeira impressão do local, que em geral é a que permanece. Justamente por ser uma área de grande afluência de público, o saguão deve ser claro, amplo, sem percursos labirínticos, com orientações definidas e fácil visão desde a entrada. Na escolha de materiais, deve-se levar em conta durabilidade, caráter de permanência, facilidade e rapidez de limpeza, possibilidade de descoloração, absorção de reverberação de ruídos etc., sempre considerando o uso intenso e frequente do local. Deve ser prevista uma área de 2% a 6% da área total do hotel (ou 2 m^2 por apartamento). O balcão deve ter altura de 1,05 m no lado do hóspede e 0,72 cm no lado do atendente e deve ter 2,5 cm por apartamento. Outras dimensões usadas: até 50 apartamentos, 3 m; de 100 a 150 apartamentos, 4,50 m; de 200 a 250 apartamentos, 7,50 m; de 300 a 400 apartamentos, 10,50 m.

8.3 Apartamentos: tipologia

Os apartamentos constituem o produto mais perecível do hotel e representam sua maior fonte de renda (82,4% da receita do hotel). Cada detalhe deve merecer atenção especial, para que seu planejamento físico visualize facilidades em operações de limpeza, manutenção e tranquilidade dos hóspedes. Nesse sentido, alguma orientações básicas podem dar subsídios aos arquitetos no momento da elaboração do projeto:

- quanto maior a dimensão do quarto, maior a quantidade de mobiliário que será requerida, acarretando tempo mais longo para a operação de limpeza;
- a tarefa de limpeza também aumentará à medida que for mais elaborado o desenho do mobiliário e do próprio apartamento;
- facilidade de acesso, estendida também para os serviços de apoio;
- iluminação (natural e artificial), ventilação e isolamento acústico adequados;
- conforto (principalmente do colchão), durabilidade e fácil manejo do mobiliário para eventuais movimentos ou substituições.

Outro fator a considerar na organização espacial dos apartamentos nos andares, além das questões ditadas pela segurança, refere-se à flexibilidade de reunião de um ou mais módulos, criando ambientes maiores.

Quanto às tarefas de limpeza, os padrões internacionais aceitam como boa uma média de quatorze a dezesseis apartamentos por atendente. Usualmente, para hotéis 5 estrelas, esse número cai para doze apartamentos por atendente, possibilitando a troca diária de roupa de cama e banho.

O número de apartamentos determinará as áreas de apoio do andar: depósito de material de limpeza, local para roupa suja, roupa limpa, lixo, utensílios de cozinha, guarda de carrinhos, área destinada às arrumadeiras, incluindo lavabo, e uma entrada adequada para o corredor. Esse setor deverá ter, no máximo, de 20% a 25% da área do pavimento, incluindo-se aí escada e *hall* dos elevadores.

Quanto aos banheiros, devem ser observados os mesmos cuidados na escolha dos materiais adotados nos apartamentos que, em geral, por questões óbvias de economia e facilidade de manutenção, são agrupados dois a dois. Fatores como uso intenso, entupimentos, queda de cigarros e uma limpeza rápida determinarão tal escolha.

Redução de ruídos, ventilação, boa iluminação e facilidade de acesso aos dutos, dispostos em um *shaft* comum aos dois banheiros, para reparos, constituem também condicionantes indispensáveis. Com relação à iluminação, a importância da luz nesse ambiente logo pela manhã poderá influenciar negativa ou positivamente todo o dia do hóspede.

De acordo com um levantamento criterioso por meio da observação direta em hotéis do exterior e do Brasil, além de pesquisa bibliográfica, quatro tipologias básicas são mais utilizadas para apartamentos nos hotéis. Elas são as seguintes:

- tipo A: banheiro confinado adjacente à circulação, com lado maior do apartamento perpendicular à circulação;

- tipo B: banheiro externo;

- tipo C: banheiro intercalado entre dois apartamentos;

- tipo D: banheiro confinado adjacente à circulação, com o lado maior do ambiente do apartamento paralelo à circulação.

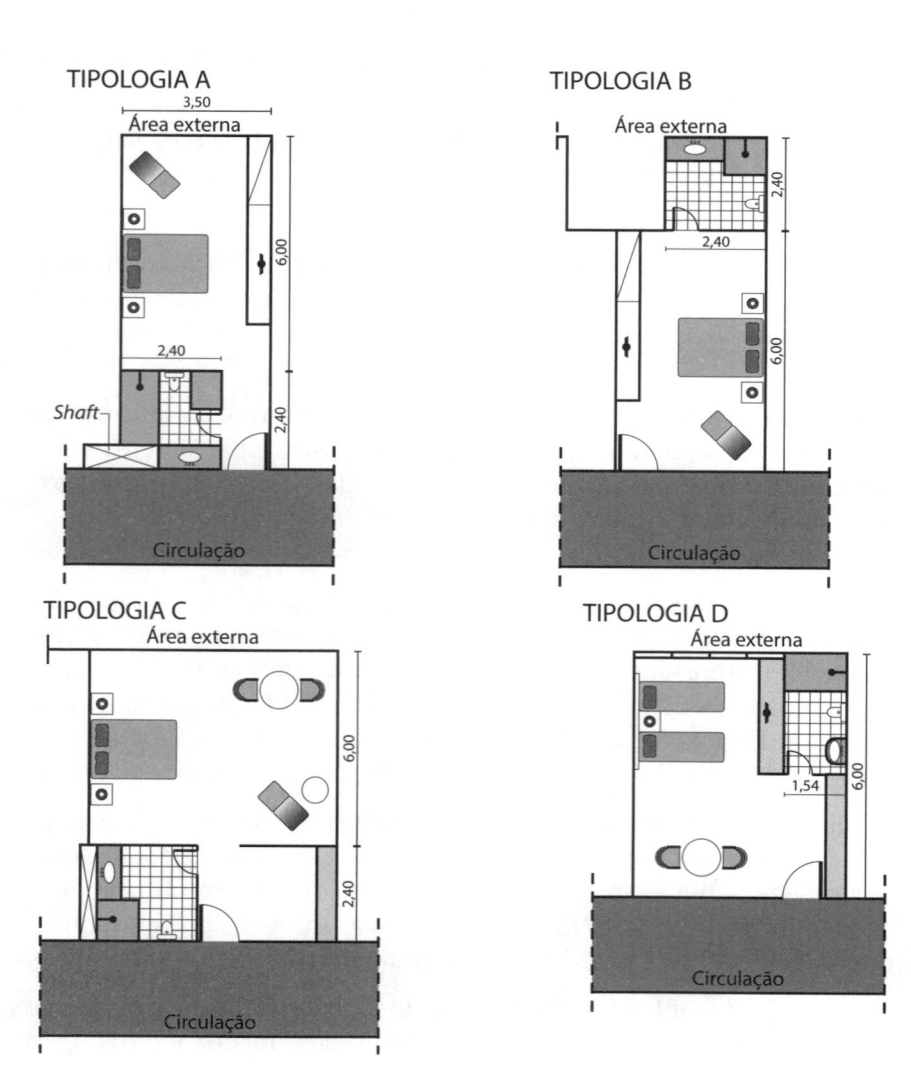

Figura 8.1

Tipologia básica de apartamentos de hotéis.

Tipo A:

- maior ventilação/iluminação naturais;
- maior isolamento dos hóspedes em relação à circulação;
- limpeza dos sanitários sem maiores incômodos para os hóspedes;
- manutenção facilitada pelo acesso às instalações (*shaft*);
- menor perímetro;
- maior *índice* de compacidade.

Tipo B:

- redução da ventilação/iluminação naturais;
- aumento substancial do perímetro do andar tipo;
- menor isolamento dos hóspedes em relação à circulação;
- limpeza dos sanitários com incômodo para os hóspedes;
- manutenção dificultada pelo acesso limitado às instalações;
- maior perímetro.

Tipo C:

- aumenta o perímetro;
- aumenta a circulação;
- área perdida em frente às camas.

Tipo D:

- banheiro intercalado aumenta a circulação;
- ruído da circulação;
- manutenção dificultada pelo acesso limitado às instalações;
- limpeza dos sanitários dificultada.

A solução mais indicada é o tipo A. As pesquisas do autor em vários hotéis do Brasil e do exterior indicaram seu uso em mais de 90% dos equipamentos pesquisados. Sua única desvantagem é a utilização de exaustão mecânica para os sanitários. Entretanto, em casos de corredores *simplesmente carregados* e voltados para áreas externas, a ventilação/exaustão pode ser feita diretamente sobre a circulação, desde que esta tenha largura inferior ao pé-direito.

Tabela 8.2 Tipos de apartamentos de hotéis no Brasil e no exterior			
Hotéis no Brasil	**Local**	**Tipo**	**Padrão**
Marinas	Fortaleza (CE)	1A	4 estrelas
Sheraton Petribu	Recife (PE)	1A	4 estrelas
Trianon	São Paulo (SP)	1A	4 estrelas
Partenon Flat	São Paulo (SP)	1A	4 estrelas
Deville	Curitiba (PR)	1A	4 estrelas
Eldorado	São Paulo (SP)	1A	4 estrelas
Hotéis no exterior	**Local**	**Tipo**	**Padrão**
Zurique Hotel	Lisboa	1A	4 estrelas
Atlantico	Nice	1A	4 estrelas
Intercontinental	Zurique	1A	4 estrelas
Frantour	Paris	1A	3 estrelas
Holliday Inn	Amsterdã	1A	5 estrelas
Penz Hotel	Innsbruck	1A	3 estrelas
Palace Hotel	Bruxelas	1A	4 estrelas
Barcelona Suíte Hotel	Barcelona	1A	4 estrelas
Forum Hotel	Viena	1A	4 estrelas
Universo	Roma	1A	4 estrelas

8.3.1 Padrão de apartamentos tipo – Embratur

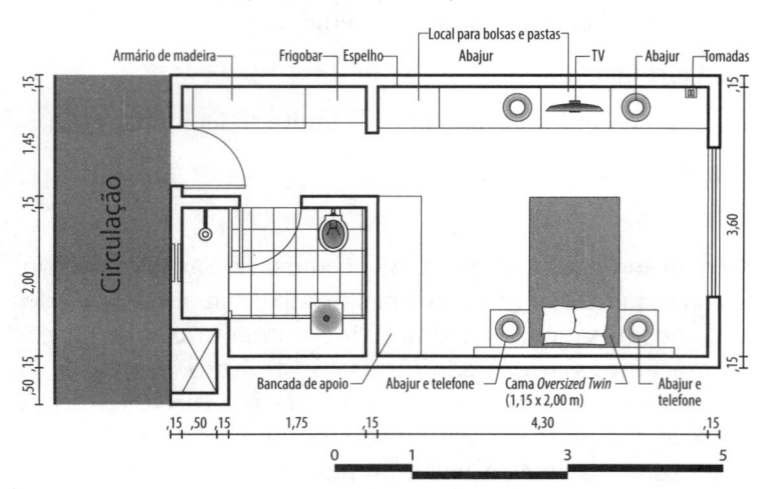

Figura 8.2

Planta apartamento tipo – 1 estrela.

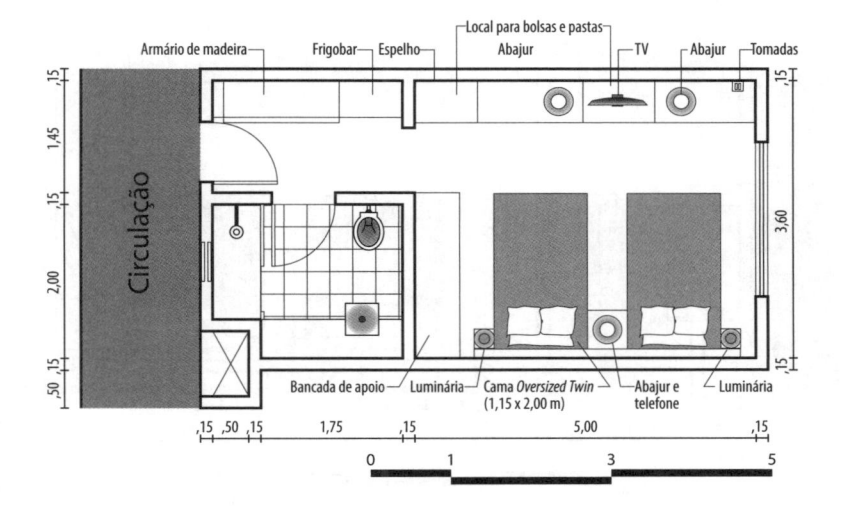

Figura 8.3

Planta apartamento tipo – 2 estrelas.

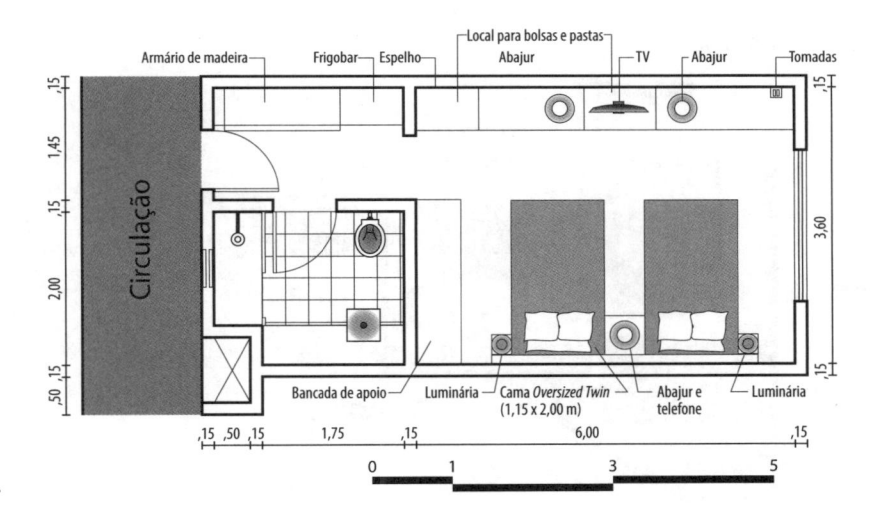

Figura 8.4

Planta apartamento tipo – 3 estrelas.

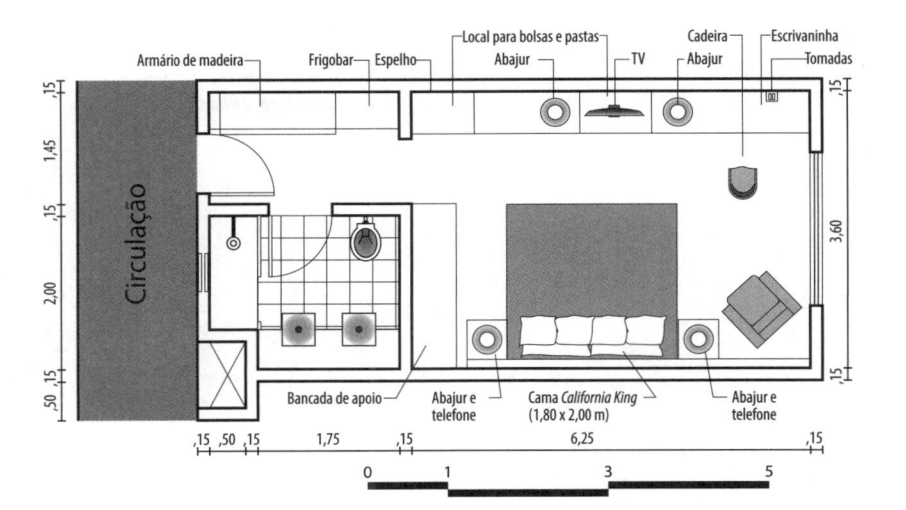

Figura 8.5

Planta apartamento tipo – 4 estrelas.

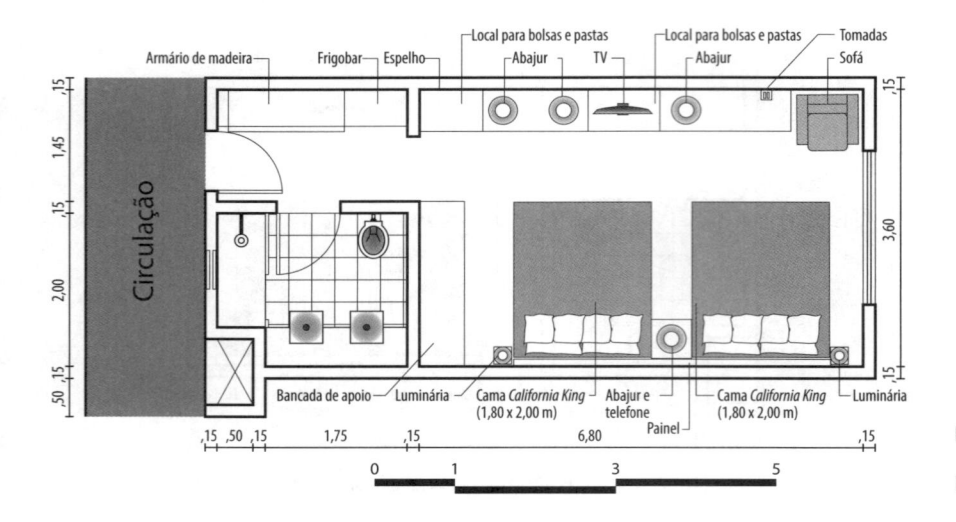

Figura 8.6

Planta apartamento tipo – 5 estrelas.

8.3.2 Outras tipologias

Figura 8.7

Petribu Sheraton Suíte, Recife (PE), 1997. Levantamento feito pelo autor no local.

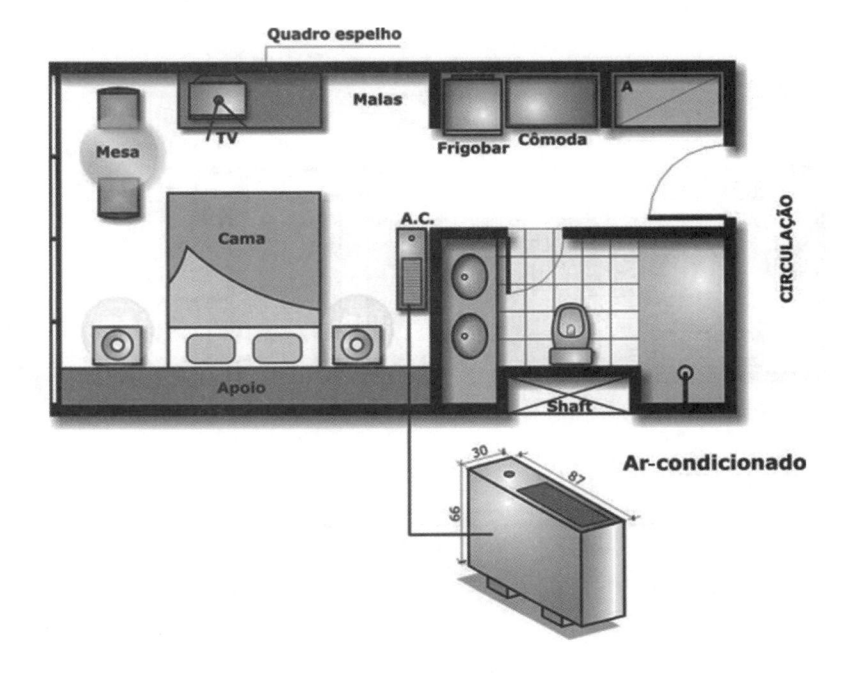

Figura 8.8

Marinas Hotel, Fortaleza (CE), 1997. Levantamento feito pelo autor no local.

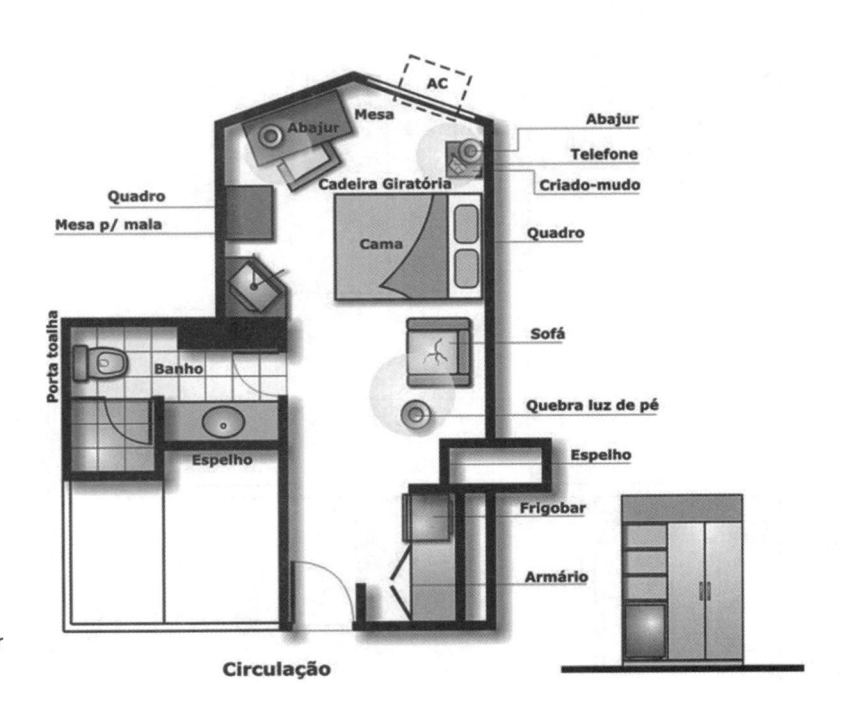

Figura 8.9

Trianon Park, São Paulo (SP), jun. 2000. Levantamento feito pelo autor no local.

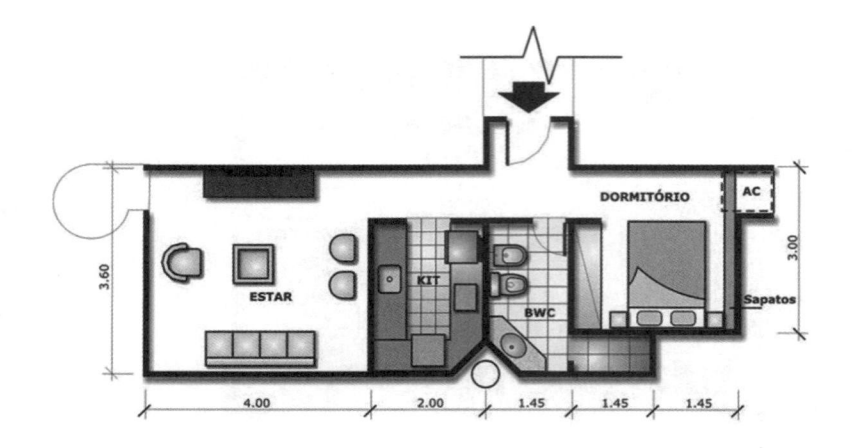

Figura 8.10

Partenon Flat Service, São Paulo (SP), 1996. Levantamento feito pelo autor no local.

Figura 8.11

Hotel Deville, Curitiba (PR).

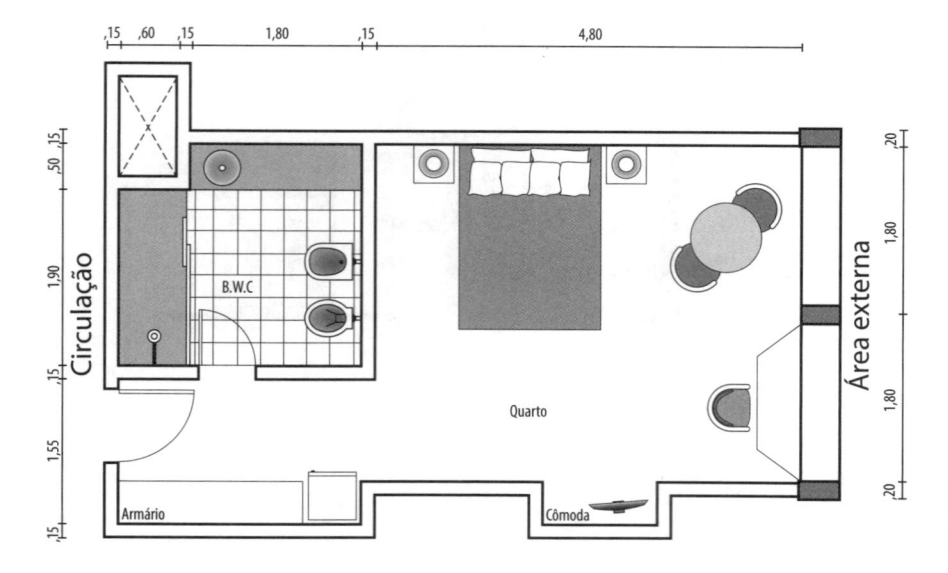

Figura 8.12

Hotel Eldorado, São Paulo (SP).

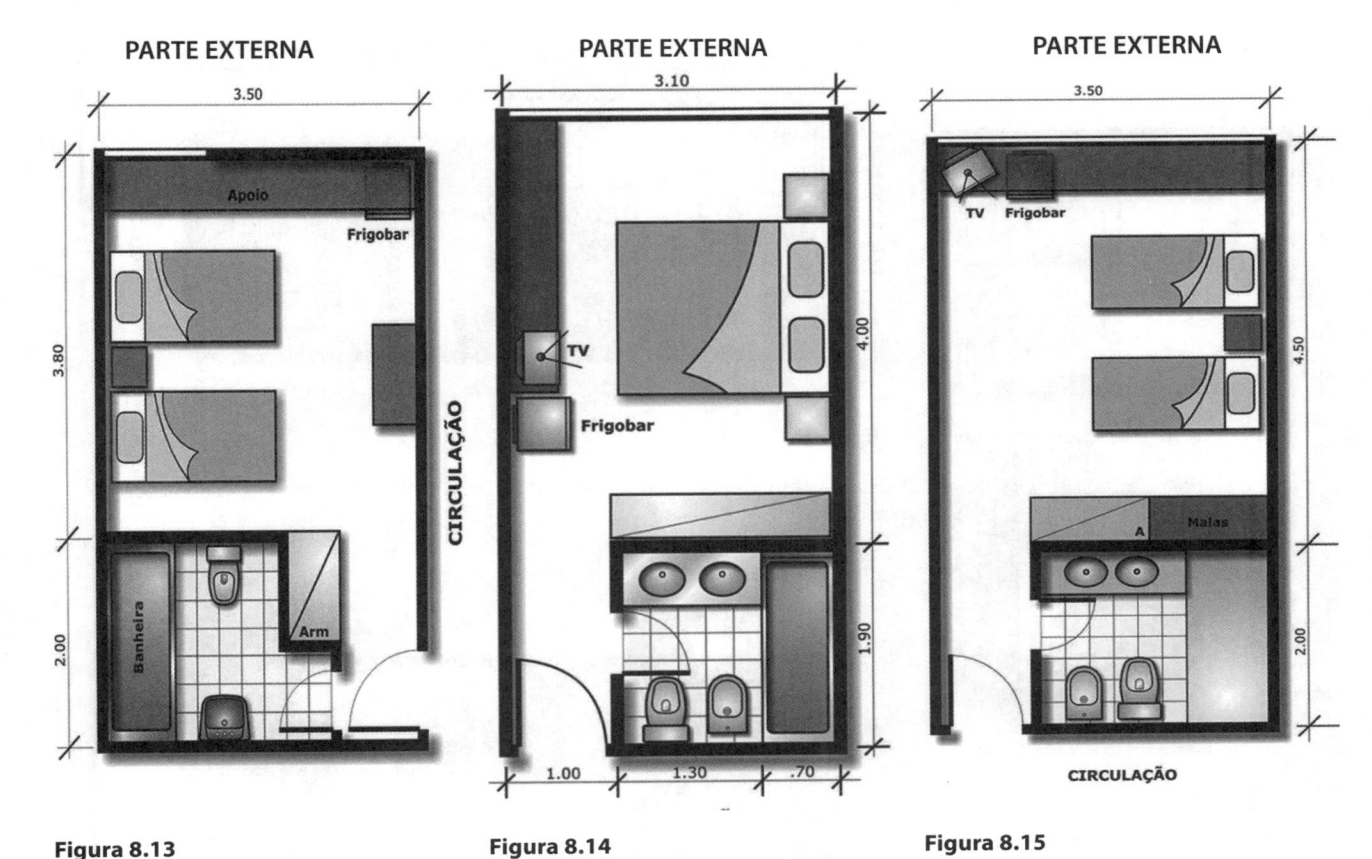

Figura 8.13

Hotel Atlântico, Nice (França), 1998. Levantamento feito pelo autor no local.

Figura 8.14

Zurique Hotel, Lisboa (Portugal), 1998. Levantamento feito pelo autor no local.

Figura 8.15

Hotel Intercontinental, Zurique (Suíça), 1998. Levantamento feito pelo autor no local.

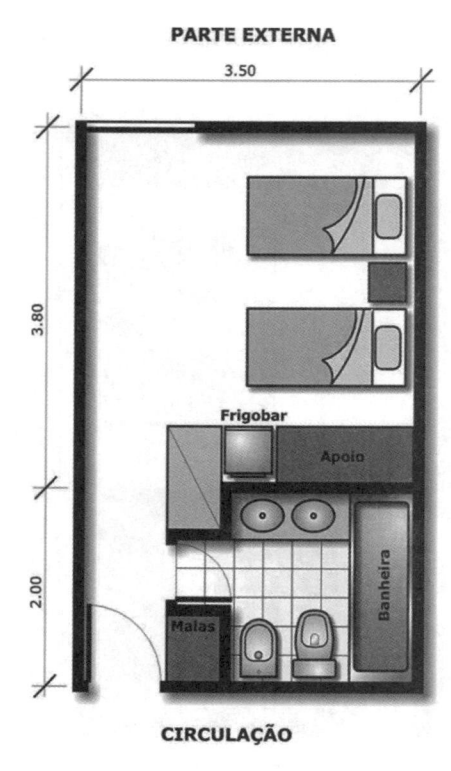

Figura 8.16

Hotel Frantour, Paris (França), 1998. Levantamento feito pelo autor no local.

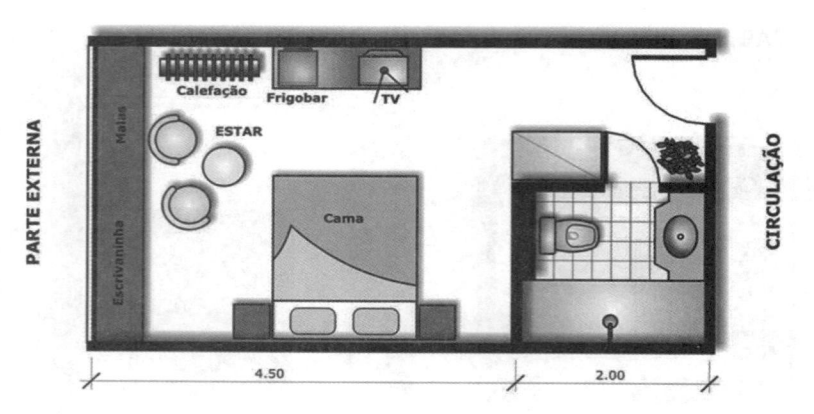

Figura 8.17

Holiday Inn, Amsterdã (Países Baixos), 1998. Levantamento feito pelo autor no local.

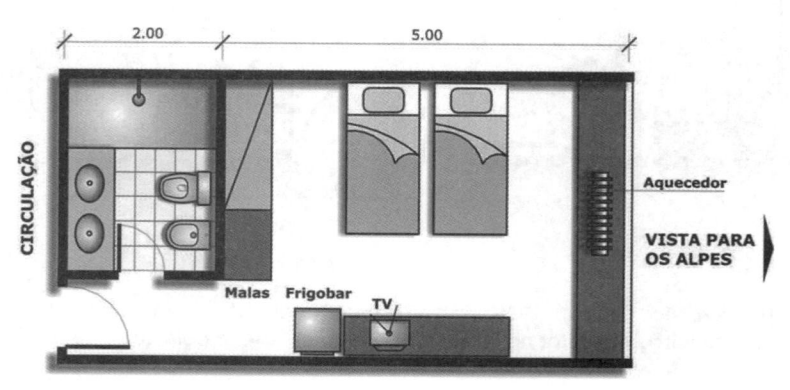

Figura 8.18

Penz Hotel, Innsbruck (Áustria), 1998. Levantamento feito pelo autor no local.

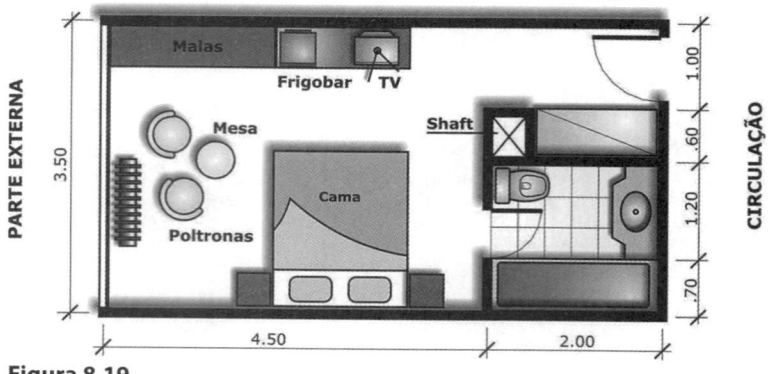

Figura 8.19

Palace Hotel, Bruxelas (Bélgica), 1998. Levantamento feito pelo autor no local.

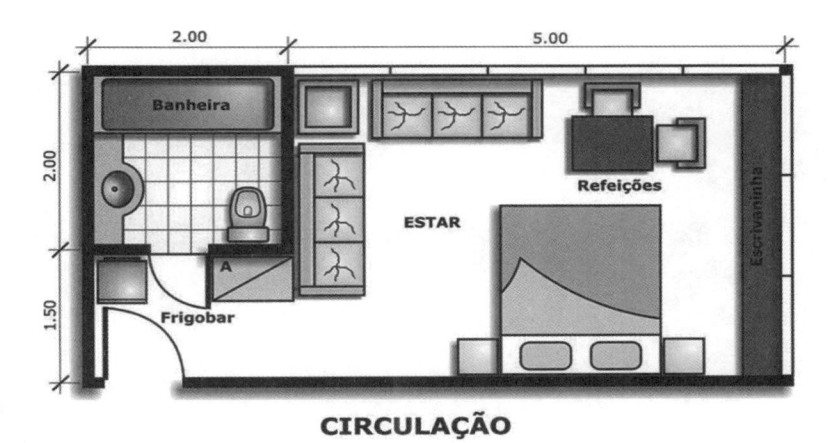

Figura 8.20

Suíte Hotel, Barcelona (Espanha), 1998. Levantamento feito pelo autor no local.

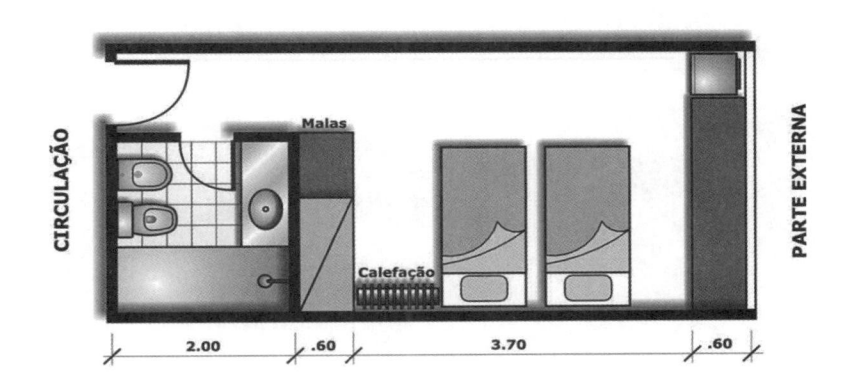

Figura 8.21

Hotel Forum, Viena (Áustria), 1998. Levantamento feito pelo autor no local.

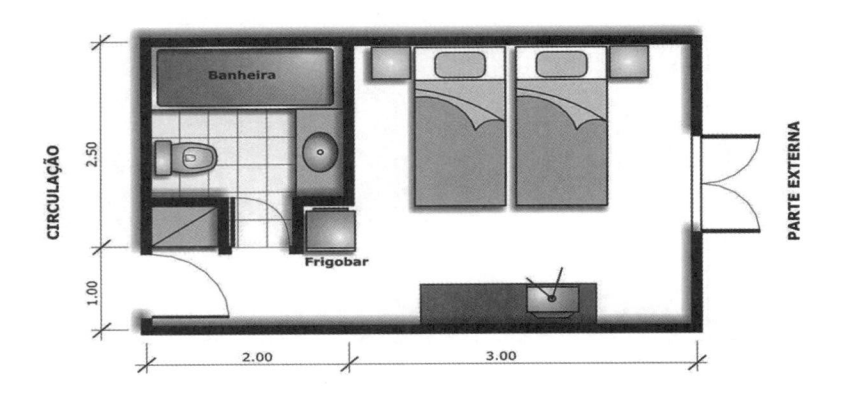

Figura 8.22

Hotel Universo, Roma (Itália), 1998. Levantamento feito pelo autor no local.

9 Áreas de convenções e eventos

Áreas que reúnem salas de convenções, de reuniões e auditórios devem dispor de acesso independente da entrada principal do hotel, sempre tendo em vista resguardar o hóspede de grandes aglomerações de pessoas.

Uma série de serviços, equipamentos e detalhes especiais precisam ser previstos de acordo com o grau de sofisticação e as possibilidades exigidas. Assim, a flexibilidade e a consequente capacidade de subdivisão dos espaços em partes menores ou sua conformação em um ambiente único, aliadas à correta distribuição da circulação de serviço e utilização de materiais com alta capacidade de absorção do som, são fatores básicos para seu bom desempenho inicial nas funções primordiais. Além disso, de acordo com as necessidades, há de ser prever serviços de telefone, internet *wireless*, cabines de som, tradução simultânea e equipamentos audiovisuais praticáveis para palco, como projetores cinematográficos, *data show*, além de fiação elétrica para utilização em shows e outras performances. Deve ser prevista uma área mínima de 1,2 m^2 por apartamento.

9.1 Gestão e espaços do setor de convenções e eventos

Tabela 9.1 Equipamentos para convenções e eventos

Ações e infraestrutura	Produtos derivados
Instalações	Medição dos espaços disponíveis para eventos e estimativa de público.
Ambiência	Identificar os tipos de eventos que se adaptam ao ambiente do hotel.
Marketing	Captar eventos para contribuir com receitas, a fim de atenuar sazonalidades e ampliar taxas de ocupação.
Agentes do mercado de eventos	Estabelecer comunicação com organizadores de eventos, empresas de cerimonial, *conventions bureaus*, operadoras etc.
Promoção do hotel	Preparar folhetos com informações para a comercialização dos espaços para eventos.
Preparação dos espaços	Adaptar os espaços do hotel para cada tipo de evento. Formato das mesas, cadeiras, tipos de exposição, palcos, internet etc.
Equipamentos multimídia	Prever equipamentos para sonorização, filmadoras, vídeo, *data shows*, telas, gravação, tradução simultânea, computadores e internet.
Central telefônica e informações	Em função do evento, são necessários recursos suplementares de telefonia, fax, internet e uma central de informações exclusiva para participantes.
Identificação de salas	Placas sinalizadoras dos locais, auditórios, secretaria, sanitários, lanchonetes, e circulações em geral.
Tarifas	Estabelecer tarifas de hospedagem, banquetes, lanches etc.
Cartões de reserva	Quando o evento é aberto, fornecer cartões de reserva ao organizador para distribuição ao público potencial.
Cortesias	Geralmente há uma cessão de hospedagem gratuita ao organizador do evento.
No show	Estimar porcentagem de *no show* com base em eventos anteriores.
Alimentos e bebidas	Conhecer detalhadamente os desejos dos clientes para orientar o fornecimento do café da manhã, *coffee break*, refeições e coquetéis.
Entretenimento dos convidados	Promover passeios para os participantes e familiares.
Mídia	Divulgação do evento.
Contrato	Firmar contratos com organizadores do evento.
Emergências	Prever assistência médica para casos de urgências e emergências.
Climatização	Controlar os serviços de manutenção, limpeza de dutos e testar o funcionamento do sistema de ar-condicionado antes de cada evento.
Controle de qualidade	Acompanhar em todos os momentos a qualidade dos serviços prestados e das instalações, pesquisando o nível de satisfação dos participantes e promotores do evento. Realizar avaliação interna após cada evento, corrigindo procedimentos quando necessário.

10 Interiores

Segundo a decoradora Gabriela Otto, especializada em decoração de hotéis 5 estrelas, três palavras devem orientar a ambientação de hotéis: *conforto, estímulo* e *interatividade*. Ainda de acordo com Otto, "[...] não há mais espaço para decoração entediante em hotéis. Use e abuse da arquitetura e da decoração para encantar e envolver os hóspedes. É para isso que ela serve. Os viajantes querem lembrar de produtos únicos e criativos [...]" (Otto, 2013). A primeira é muito importante. Ambientes cada vez mais sensoriais estão trabalhando como suporte à imagem e à percepção da marca. A criatividade superou a ostentação. O luxo e o requinte excessivos deram lugar à funcionalidade e ao bom gosto.

De 1920 até os dias atuais, a arquitetura de interiores dos hotéis repetiam padrões internacionais, mas é fundamental ficar longe deles. Os viajantes perdiam a noção de onde estavam. É importante colocar na decoração elementos da cultura local, aproximando os hóspedes da cidade onde estão passando um temporada.

A partir das décadas de 1970 e 1980, americanos e europeus introduziram alguns elementos característicos na ambientação dos hotéis.

- Americanos: chão frio, pés-direitos altos, restaurantes fracos e recepção tradicional, privilegiando mais a eficiência do que o afeto e o luxo. Palavra-chave: *funcionalidade*.

- Europeus: muitos tapetes, plantas, pés-direitos não muito altos, *check-in* sentado e excessiva valorização das mordomias aos hóspedes. Palavra-chave: *conforto*.

Hoje procura-se agregar os dois mundos e o processo de globalização, quando possível. Hospedagem é diversão, negócios, fuga da realidade e da rotina (turismo cultural), novos conhecimentos (por meio de eventos). Portanto, nada de decorações "engessadas".

Para tanto, é preciso prever sempre:

- *lobbies* suntuosos;
- bares temáticos;
- restaurantes refinados;
- salas de eventos interativos;
- *fitness*;
- bibliotecas;
- galerias de arte e exposições;
- salas privativas para trabalho;
- *playgrounds*;
- espaços para a terceira idade;
- salas de jogos;
- áreas de convivência ao ar livre.

E mais:

- *Apartamentos*: decoração intimista, com foco no conceito *casa fora de casa*, passando a sensação de segurança e alívio. Armários, mesas e sofás dimensionados de acordo com a permanência média dos hóspedes. Mobiliário resistente, boa acústica. Evitar ar-condicionado de janela ou parede. Funcionalidade com tomadas e conexões em geral, cofres bem dimensionados.

- *Áreas públicas*: ambientes de socialização (base dos hotéis design), integração entre os hóspedes, o hotel e a cidade. Ambiente onde as pessoas possam usar livremente sem regras rígidas luz natural, flores naturais, valorização do *habitat*, sensação de escapismo. Enfim, a estética não é mais fundamental. Harmonia e bem-estar, sim.

Deve-se procurar, quando possível, adotar os conceitos de hyper-cultura (mix de marcas, estilos e valores) e o eco-hedonismo (sustentabilidade mais hedonismo).

10.1 Interiores tradicionais

Figura 10.1

Hotel Plaza, Cancún (México), apartamento tipo.

Figura 10.2

Ritz Hotel, Paris (França), suíte máster.

Figura 10.3

Château Frontenac, Québec (Canadá), apartamento tipo.

Figura 10.4

Henrique VIII, Londres (Inglaterra), apartamento tipo.

Figura 10.5

Copacabana Palace, Rio de Janeiro (RJ), apartamento padrão.

10.2 Outros tipos de apartamento

Figura 10.6

Hotel Samaúma, Barcarena (PA).

Figura 10.7

Yunak Hotel, Ürgüp (Turquia).

Figura 10.8

Pirâmide Hotel, Natal (RN).

Figura 10.9

Marsol Hotel, Natal (RN).

Figura 10.10

Pousada do Mondego, Ouro Preto (MG).

Figura 10.11

Palazzo Hotel, Veneza (Itália).

10.3 Hotéis contemporâneos: apartamentos tipo

Figura 10.12

Hotel Unique, São Paulo (SP).

Figura 10.13

Four Seasons Hotel (Estados Unidos).

Figura 10.14

Hotel Hyatt, Paris (França).

Figura 10.15

Jumeirah Hotel, Dubai (Emirados Árabes).

Figura 10.16

Grand Resort, Atenas (Grécia).

Figura 10.17

Grand Resort, Atenas (Grécia).

10.4 Suítes

Figura 10.18

Copacabana Palace, Rio de Janeiro (RJ), suíte máster.

Figura 10.19

Hotel Unique, São Paulo (SP), suíte máster.

Figura 10.20

Auditorium Hotel, Madri (Espanha), suíte máster.

10.5 Tipos de cama

Tabela 10.1 Camas e dimensões		
Tipos	Número de camas	Dimensões das camas
Twin	2 camas twin	1,00 × 2,00
Double-double	2 camas double	1,30 × 2,00
Queen	1 cama queen	1,50 × 2,00 ou 1,60 × 2,00
King	1 cama king	2,00 × 2,00
Califórnia king	1 cama king	1,80 × 2,00
Oversized twin	2 camas twin	1,15 × 2,00
Queen-queen	2 camas queen	
Double-studio	1 cama double + sofá-cama	
Queen-studio	1 cama queen + sofá-cama	
King-studio	1 cama king + sofá-cama	
Parlor	1 sofá-cama	
Wall bed	1 cama de parede	

10.6 Exemplos de banheiros

Figura 10.21

Four Seasons Hotel (Estados Unidos).

Figura 10.22

Hotel Hyatt, Paris (França).

Figura 10.23

Jumeirah Hotel, Dubai (Emirados Árabes).

Figura 10.24

Hotel Unique, São Paulo (SP).

Figura 10.25

Raphaël Hotel, Roma (Itália).

Figura 10.26

Mercure Hotel, Lisboa (Portugal).

10.7 Exemplos de lobby

Figura 10.27

Waldorf Astoria, Nova York (Estados Unidos).

Figura 10.28

Danielle Hotel, Veneza (Itália).

Figura 10.29

Mercure Hotel, Lisboa (Portugal).

Figura 10.30

Gran Tulypa, São Paulo (SP).

Figura 10.31

Sheraton Hotel, Ilhas Mamanuca (Fiji).

Figura 10.32

Hotel Intercontinental, Viena (Áustria).

10.8 Exemplos de restaurante

Figura 10.33

Four Seasons Hotel (Estados Unidos).

Figura 10.34

Continental Hotel, Veneza (Itália).

Figura 10.35

Equinox Hotel, Manchester Village (EUA).

Figura 10.36

Palace of the Lost City, Sun City (África do Sul).

Figura 10.37

Copacabana Palace, Rio de Janeiro (RJ).

11 Áreas de circulação

Via de regra, os valores a se adotar no dimensionamento das áreas de circulação são os obtidos durante as demandas de pico para a acomodação e outros serviços, o número de vezes que isso ocorre, sua duração e o número de pessoas envolvidas, sejam hóspedes ou funcionários. Esses resultados darão ao projetista subsídios para um dimensionamento eficiente dos espaços.

Além disso, as rotas de hóspedes e serviços precisam ficar separadas, para facilitar a segurança e evitar perturbações. Um correto planejamento da circulação de serviço, identificando cada operação em sua sequência correta, garante boa parcela do sucesso do hotel.

Costuma-se adotar, para cada dois elevadores sociais situados próximo ao saguão e às escadas, um elevador de serviço, abrindo-se em cada andar para uma área de apoio. No piso, deve-se prever materiais laváveis, antiderrapantes, sem degraus. Nas paredes, materiais resistentes que permitam a redecoração, além de ventilação, iluminação e acústica adequadas.

O último ponto a merecer bastante atenção é a conexão entre a circulação de serviços e a de hóspedes. Os parâmetros de segurança devem efetivamente ser consultados em qualquer situação; soluções que incluem serviço e circulação vertical em núcleos estruturais têm oferecido bons resultados. A área de circulação, se as portas forem recuadas, deve ter largura de 1,80 m. Circulações sem portas recuadas devem ter largura de 2,40 m.

12 Áreas operacionais

A funcionalidade e a eficiência das áreas de serviço representam um ponto de partida fundamental para um bom serviço. O dimensionamento das áreas de trabalho e das circulações e a proximidade de atividades afins são os principais condicionantes na obtenção dessa funcionalidade.

Para o alcance desse objetivo, é necessário observar alguns aspectos no planejamento dos setores de cozinha, lavanderia, caldeiras, manutenção, almoxarifado geral etc.:

- distribuição espacial de acordo com a sequência das operações;
- facilidade de transporte, comunicação e controle;
- pontos de conexão com o hóspede e outros serviços;
- controle de insetos e roedores;
- facilidade de limpeza.

Outros detalhes importantíssimos, nem sempre bem resolvidos, referem-se ao conforto térmico e aos níveis de iluminação adequados por tarefas, evitando-se áreas de sombra ou grandes ofuscamentos, além de tratamento acústico em setores com grandes níveis de ruído (por exemplo, lavagem de pratos e panelas).

13 Áreas mecânicas

Toda atenção é pouca no que diz respeito aos equipamentos e setores técnicos do edifício, para protegê-los do fogo e garantir acesso para manutenção simples e rápida. As áreas técnicas podem ser *verticais* ou *horizontais*. No primeiro caso, faz-se a proteção através de dutos de serviço (*shafts*), paredes ocas ou *service core,* que compreende escadas, elevadores, dutos para ventilação e *busbars* ou *busway* (sistemas de barramentos), dentro de uma cavidade cilíndrica.

No caso de áreas técnicas horizontais, a proteção é feita por meio de forros removíveis ou andares técnicos intermediários. Deve-se levar em conta na escolha dos materiais sua resistência ao fogo, à umidade e aos acidentes mecânicos, além, é claro, de sua boa qualidade como isolante acústico.

14 Áreas secundárias e almoxarifado

Embora adjetivadas como secundárias, tais áreas são indispensáveis no edifício hoteleiro, pois garantem um bom desempenho operacional. Constituem-se basicamente nas áreas destinadas a estoque de cadeiras, mesas, aparelhos de televisão, roupa branca, bebidas, comidas secas ou frias, carne, queijo, verduras etc., além de outros espaços para reparação de peças, marcenaria, carpintaria, oficina de manutenção, pintura e eletroeletrônica.

Todas essas áreas devem atender às normas de segurança, ventilação, refrigeração e iluminação adequadas para cada atividade e não podem prescindir de uma boa estrutura de docas, plataforma para carga e descarga de mercadorias de um modo geral. Deve-se prever uma área mínima, segundo alguns autores, de 2% a 3% da área total do hotel, ou 0,30 m^2 a 0,35 m^2 por apartamento.

15 Materiais

A escolha dos materiais para diversos setores está condicionada a praticidade de limpeza, segurança, conforto, durabilidade, manutenção e tempo de vida útil de acordo com a intensidade de uso do local. Cada material possui características próprias a serem convenientemente analisadas antes de sua aplicação. Considerando, por exemplo, áreas sociais como saguão, entrada e restaurante, nas quais a circulação é maior, pisos de madeira podem apresentar aparência mais aconchegante que outros tipos, como os de pedras, mármores ou cerâmica, mas exigem muito mais trabalho para sua correta conservação.

Finalmente, é necessário um cuidado contínuo com a manutenção de todos os equipamentos e acessórios, no sentido de prolongar sua vida útil. Desgaste, negligência e não substituição imediata de peças danificadas significam um considerável aumento nos custos globais. Além disso, é preciso verificar a possibilidade de prever uma equipe de manutenção própria, e não terceirizada.

16 Equipamentos especiais

Seja qual for a classificação do hotel ou seu dimensionamento, por suas próprias características eles exigem uma série de equipamentos especiais para seu perfeito funcionamento, de forma a atender às necessidades dos hóspedes com presteza, conforto e segurança. *Lavanderias*, *cozinhas* e áreas de piscina são setores do hotel que demandam uma grande quantidade de equipamentos, hoje encontrados com facilidade no mercado.

16.1 Lavanderia

Itens que, sem dúvida nenhuma, têm importância fundamental dentro do hotel são os equipamentos destinados à lavagem de roupas.

Uma lavanderia padrão deve ter um fluxo ordenado para entrada e saída de roupas. O processo deve começar com a recepção da roupa suja. Em seguida, essa roupa deve passar por uma fase de separação, feita em função do grau de sujidade. A pesagem, para separar as cargas que vão ser colocadas nos equipamentos, precisa ser efetuada por meio de balança do tipo plataforma. Assim, a lavanderia necessita dos seguintes equipamentos: lavadora, hidroextrator (se a lavadora não possuir), centrífuga, secadoras, calandra para roupas planas (lençóis, toalhas, colchas etc.), prensas para outros tipos de roupa (calças, paletós, camisas, jalecos etc.), bancas de passar e carrinhos de apoio para o transporte de peças em processo de lavagem ou já lavadas e passadas. Existem máquinas com capacidades variadas para diferentes quantidades de roupas secas por carga. Elas podem ser horizontais ou frontais e podem ser simples (que só lavam), extratoras (retiram a umidade), extratoras e secadoras (retiram a umidade e também secam) ou secadores rotativos. A última etapa do processo, a passagem da roupa, fica por conta das calandras em seus diversos modelos, prensas e mesas de passar.

Na lavanderia deve existir um setor de costura, vestiários masculino e feminino e um depósito, ou rouparia, para a distribuição da roupa limpa.

Hoje, muitos hotéis terceirizam esse setor, com o objetivo de poupar espaço e, principalmente, pela existência de grandes empresas de lavagem de roupas (lavanderias industriais). Uma lavanderia própria deve ter sua área calculada em função da quantidade de roupa (peso) a ser processada. Em geral, admite-se 0,95 m^2 por apartamento, incluindo rouparia (0,30 m^2 por apartamento).

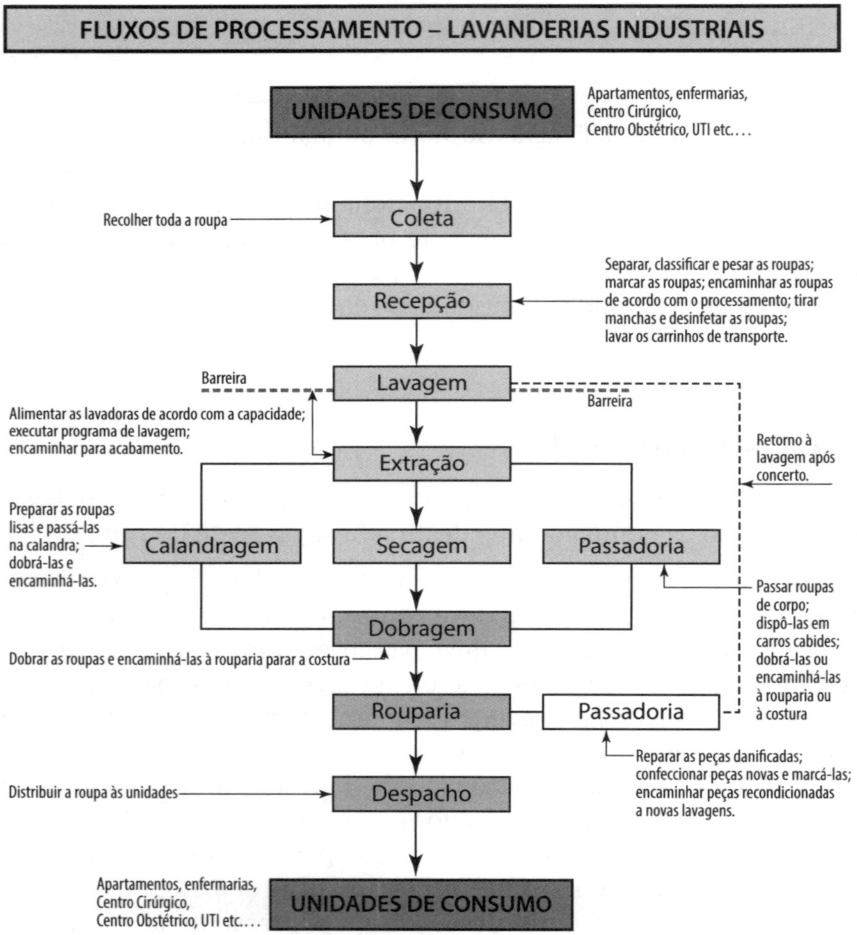

FLUXOS DE PROCESSAMENTO – LAVANDERIAS INDUSTRIAIS

UNIDADES DE CONSUMO — Apartamentos, enfermarias, Centro Cirúrgico, Centro Obstétrico, UTI etc....

Recolher toda a roupa → **Coleta**

Recepção ← Separar, classificar e pesar as roupas; marcar as roupas; encaminhar as roupas de acordo com o processamento; tirar manchas e desinfetar as roupas; lavar os carrinhos de transporte.

Barreira — **Lavagem** — Barreira

Alimentar as lavadoras de acordo com a capacidade; executar programa de lavagem; encaminhar para acabamento.

Extração

Retorno à lavagem após concerto.

Preparar as roupas lisas e passá-las na calandra; dobrá-las e encaminhá-las. → **Calandragem** | **Secagem** | **Passadoria**

Dobragem

Dobrar as roupas e encaminhá-las à rouparia parar a costura →

Passar roupas de corpo; dispô-las em carros cabides; dobrá-las ou encaminhá-las à rouparia ou à costura

Rouparia — **Passadoria**

Reparar as peças danificadas; confeccionar peças novas e marcá-las; encaminhar peças recondicionadas a novas lavagens.

Distribuir a roupa às unidades → **Despacho**

Apartamentos, enfermarias, Centro Cirúrgico, Centro Obstétrico, UTI etc.... — **UNIDADES DE CONSUMO**

Figura 16.1

Fluxos dos processos. Lavanderia industrial.

Figura 16.2

Lavanderia industrial, arquiteto
Ronald de Góes
Legenda:
1. Guaritas
2. Sanitário (F)
3. Sanitário (M)
4. Carro de roupa suja
5. Carro de roupa limpa
6. Rouparia
7. Controles
8. Lavabos
9. Gerência
10. Engomado
11. Costura
12. Máquinas de lavagem
13. Tanques de lavagem manual
14. Centrífugas
15. Mesa auxiliar
16. Calandra
17. Máquinas de secagem
18. Caixas de gordura
19. Caldeira vertical
20. Caldeira horizontal
21. Tanque retorno
22. Tanque de água quente
23. Abrandador de água bruta/
tratada
24. Castelo d'água
25. Acesso séptico
26. Acesso asséptico

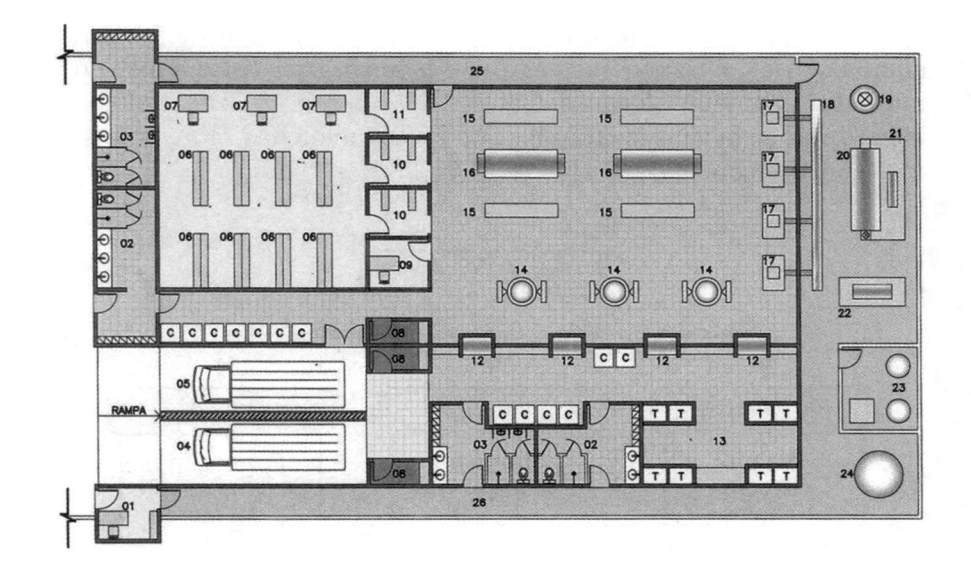

16.2 Cozinha

Os equipamentos mais necessários numa cozinha são: fogões, fritadeiras, coifas, fornos, bifiteiras, salamandras, caldeirões (de preferência com secção quadrada), frigideiras, balcões de distribuição e mesas de apoio, além de câmaras frigoríficas para carnes, peixes, laticínios, legumes e verduras e uma destinada ao lixo (com abertura para fora da cozinha), a fim de evitar roedores e insetos. A câmara frigorífica deve ter dimensões mínimas de 1,20 m × 1,20 m e 2,10 m de altura. São encontradas inclusive em formatos industrializados.

A sequência do fluxo de funcionamento de uma cozinha é a seguinte: recepção, armazenamento (diário ou semanal) e conservação, preparo (em boxes isolados, mas no mesmo espaço, para carnes, peixes, legumes e verduras, massas, dietas especiais e sobremesas). Confecção (cocção), distribuição, higienização (lavagem separada de carrinhos, pratos e panelas), sala de café, administração (local para o nutricionista, em espaço com piso elevado em 0,45 cm em relação ao piso geral da cozinha e visibilidade total para o espaço de trabalho). Vestiários masculino e feminino, depósito de material de limpeza e local para recepção e pesagem dos alimentos, além de uma gambuza, local destinado aos garçons (vestiários e sala de estar) e à guarda de louças e pratarias finas.

Quanto ao dimensionamento, a cozinha deve ser subdividida para atender restaurantes, banquetes, restaurantes de cobertura, boates e *coffee shop*, além das copas dos andares.

É recomendável que a cozinha e a lavanderia estejam adjacentes a uma plataforma de carga e descarga (docas) nas proximidades do almoxarifado geral, com área de 6% da área total do hotel e largura não inferior a 3,60 m. Em função de problemas com exaustão e outros equipamentos, é recomendável que o *pé-esquerdo* (piso a piso) de um hotel não seja inferior a 4,80 m. No caso de utilização de aço inox, optar pelo tipo austenítico, que evita manchas tão comuns a esse tipo de material.

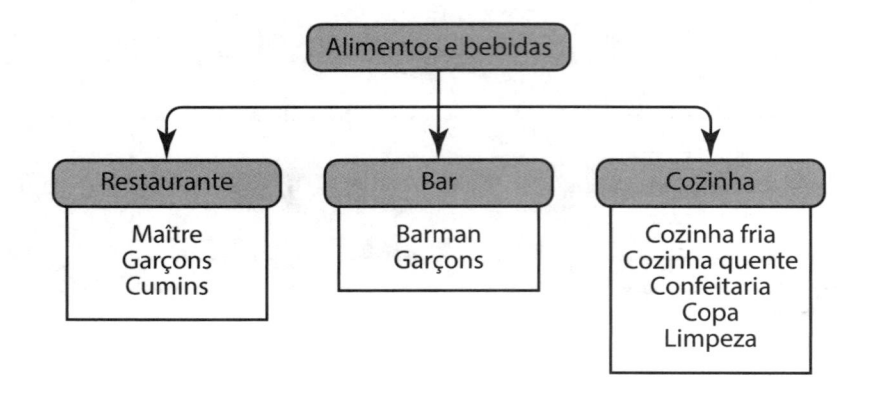

Figura 16.3

Esquema básico do setor de alimentos e bebidas.

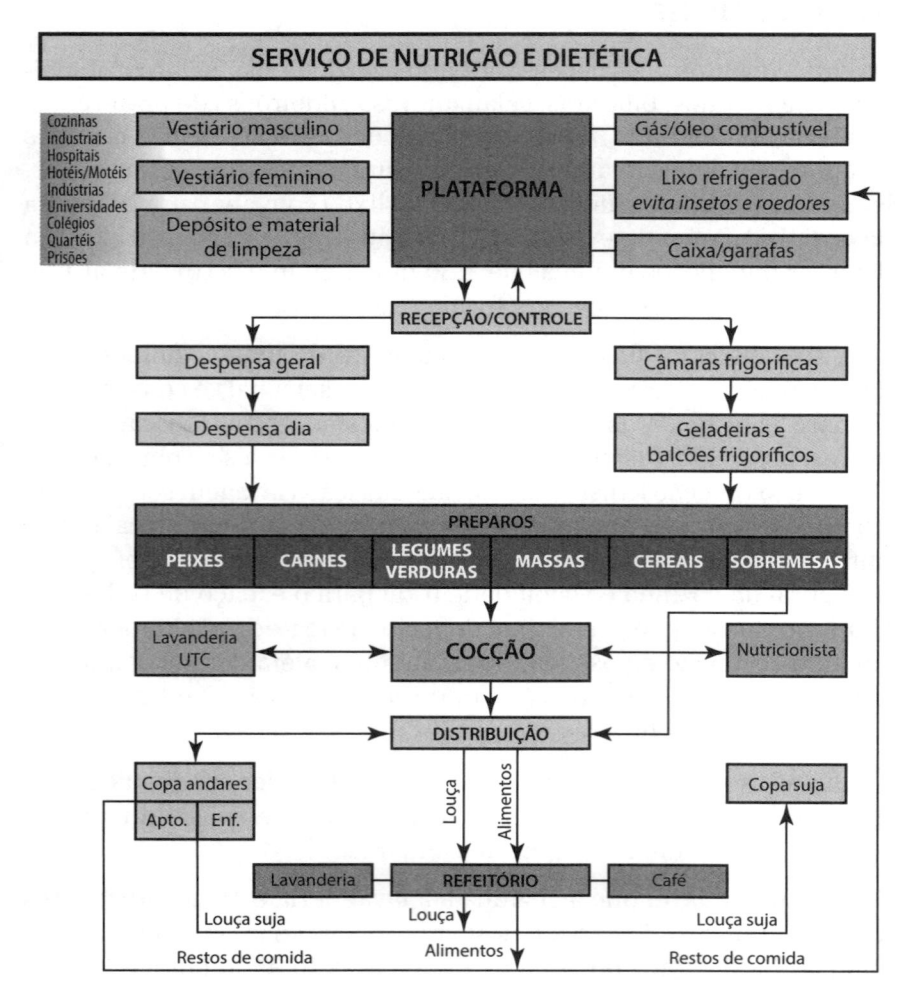

Figura 16.4

Serviço de nutrição e dietética.

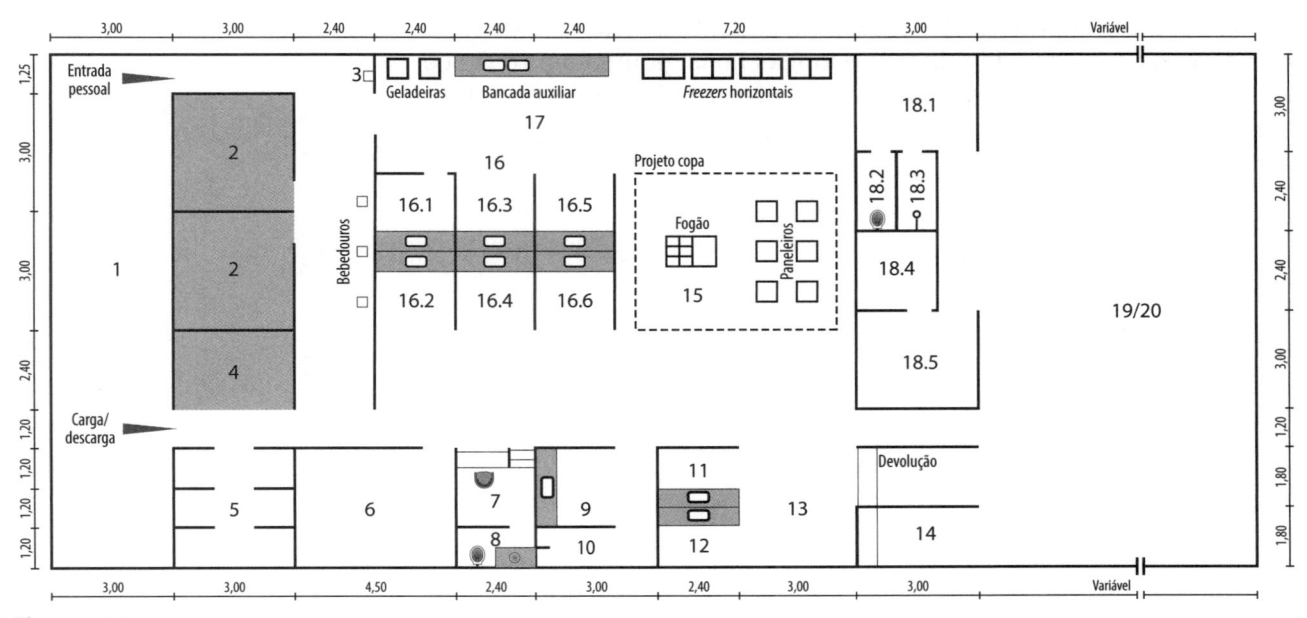

Figura 16.5

Cozinha para restaurante, arquiteto Ronald de Góes

Legenda:

1 Docas/plataforma	9 Lavagem de panelas	15 Cocção	18.2 W.C.
2 Vestiário de pessoal	10 Lavagem de carrinhos	16 Preparo (1. Carne, 2. Peixes,	18.3 Ducha
3 Ponto eletrônico	11 Lavagem de bandejas (só	3. Massas, 4. Saladas, 5.	18.4 Talheres finos
4 Controle de mercadorias	para refeitório)	Sobremesa,	18.5 Louças finas
5 Câmaras frigoríficas	12 Lavagem de louças	6. Especiais)	20 Restaurante
6 Despensa diária	13 Recepção de materiais	17 Apoio	21 Refeitório
7 Nutricionista	usados	18.1 Estar e vestiário para	
8 Lavabo	14 Café/sobremesa	garçons	

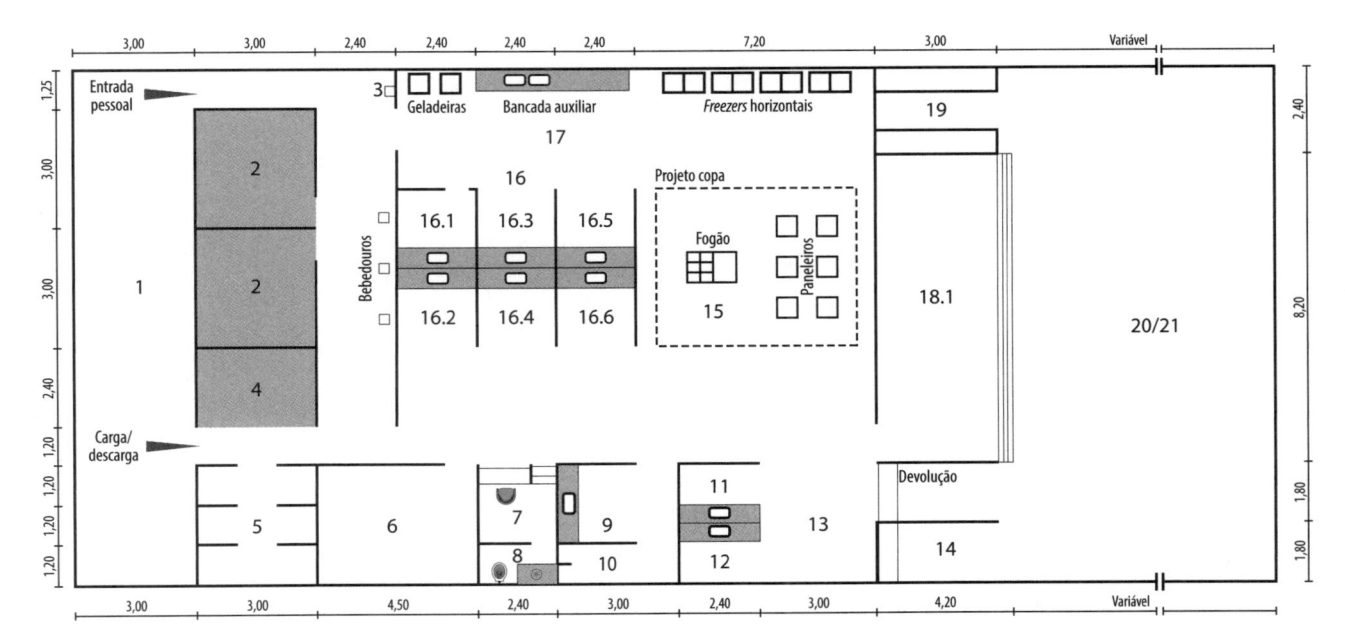

Figura 16.6

Cozinha para refeitório, arquiteto Ronald de Góes.

Observação: no refeitório não existe a gambuza (local para estar dos garçons e guarda de talheres e louças finas, equipamento típico de restaurantes e serviços à la carte), substituída pela Distribuição (18). Os refeitórios são destinados a colégios, universidades, prisões, quartéis etc.

17 Dimensionamento de um hotel

Os dimensionamentos de hotéis foram fundamentados nas dimensões de hotéis internacionais e calculados a partir de uma avaliação feita em computador em mais de 2 mil hotéis em todo o mundo. Eles se aplicam mais especificamente a projetos que tenham como limite um número entre duzentos e seiscentos apartamentos. Algumas dessas áreas são calculadas em função do número de apartamentos, outras em função de áreas afins etc. Exemplificando:

- saguão/apartamento: 2 m^2, ou seja, 2 m^2 por apartamento para o saguão;

- *foyer*: 20% a 40% do salão de baile;

- cozinhas: de acordo com o percentual de restaurantes que atendem;

- engenharia: 3% a 6% da área total do hotel;

- área de recebimento: 3% da área total do hotel.

Para a área total do hotel, devem ser previstos 40 m^2 por cama. Entre 50% e 60% da área total é destinada aos apartamentos. Nos Estados Unidos, esse percentual chega a 70%.

Tabela 17.1 Dimensionamento de um hotel		
Apartamentos-padrão com banheiro	Área (m²)	
Tipologia	Embratur	Recomendado
5 estrelas	20,5	24,5
4 estrelas	18,0	22,5
3 estrelas	15,5	20,5
2 estrelas	13,0	18,0
1 estrela	10,8	15,5
	Dimensões lineares com acabamento (m)	Mobiliário
Largura do apartamento livre	3,6	Cama com 2,00 m
Comprimento da parede do banheiro à janela	4,6 5,5	Uma cama de casal ou duas de solteiro Duas camas de casal e suítes
Banheiros: área mínima para conseguir estrelas	Área/Apartamento (m²)	
5 estrelas	4,5	
4 estrelas	4,0	
3 estrelas	3,5	
2 estrelas	3,0	
1 estrela	1,8	
Terraço privativo	Área mínima	3,0
Área para o preparo de refeições leves	Área mínima	2,0
Largura mínima do corredor		1,8 a 2,4
Largura mínima do corredor	Com portas recuadas	1,5
Área total de circulação e serviço do andar		50% da área total do hotel
Área social		
Saguão principal	2% a 6% da área total do hotel	2,0 m²/apartamento
Área de espera, no saguão		10% do saguão

(continua)

Tabela 17.1 Dimensionamento de um hotel (*continuação*)		
Loja pequena	Agência de turismo, banca de jornais	10,0 m²
Loja grande	Boutique, joalheria, farmácia	50,0 m²
Administração (recepção, vendas, contabilidade e gerência)	1% a 2% da área total do hotel	1,0 m²/apartamento
Área de reuniões	Aproximadamente 5% a 8% da área total do hotel	Área/Apartamento (m²)
Sala de baile ou auditório para recepção de pessoas		0,7
Sala para banquetes/lugar		0,9
Sala para convenções/lugar		1,2
Área mínima		100
Foyer (antessala)		20% a 40% do salão de baile
Sala de reuniões/lugar		1,5, com área mínima de 20 m²
Teatro ou cinema/lugar		0,65
Depósito para salão de baile e sala de reuniões		20% a 40% dessas salas
Sanitário masculino/lugar		0,04
Sanitário feminino/lugar		0,05
Chapelaria/lugar		0,04
Restaurantes e bares	**Área total do restaurante/bar é de 4% a 5% da área total do hotel**	**Área/Lugar (m²)**
Restaurante fino/lugar		1,8
Restaurante de especialidades/lugar		1,6
Coffee shop ou lanchonete/lugar		1,5
Bar/lugar		1,5
Boate/lugar		1,6
Sanitário masculino/lugar		0,04
Sanitário feminino/lugar		0,05
Chapelaria/lugar		0,04

(*continua*)

Tabela 17.1 Dimensionamento de um hotel (*continuação*)	
Áreas de serviços	
Área de preparação/alimentos	2% a 4% da área total do hotel
Cozinha principal Fino e especialidades	30% da área do restaurante
Cozinha para banquetes	20% das salas de reunião/bailes
Cozinha/restaurantes de cobertura	20% da área do restaurante
Cozinha para *coffee shop*	25% do *coffee shop*
Cozinha para boate	20% da boate
Cozinha central	Soma de todas as cozinhas menos cozinha de cobertura
Copa serviços de andares m²/apartamento	$0,1 \ m^2$
Depósito de alimentos/bebidas	50% das cozinhas e copas
Outras áreas de serviço	**Área/Apartamento (m²)**
Lavanderia	0,65
Rouparia	0,30
Vestiário	0,60
Refeitório/apartamento	0,40
Sala de atendimento médico	3,00
Área de recebimento: plataforma de carga e descarga, escritório, lixo, grandes volumes	2% a 3% da área total do hotel
Engenharia: caldeiras, bombas, cabine primária, encanamento, ar-condicionado, sala de máquinas, oficinas e escritório	3% a 6% da área total do hotel
Circulações	
Corredores e áreas de serviços dos andares	50% da área total dos andares
Outras áreas sociais	20% da área social
Outras áreas de serviço	10% a 15% da área de serviço
Elevadores sociais	1 elevador para 100 apartamentos
Elevador de serviço	1 elevador para 250 apartamentos
Escada	1,20 m (largura mínima) Nenhuma área pode estar a mais de 30 m de distância das escadas

(*continua*)

Tabela 17.1 Dimensionamento de um hotel (*continuação*)	
Área de lazer **Interna, se inclusa, é de aproxima-** **damente 2% da área total do hotel**	**Área/Apartamento (m^2)**
Piscina com *deck*	Hotel urbano 0,90
Piscina	Hotel de lazer 1,50, com área mínima de 50 m^2
Vestiários e sanitários	0,30
Sauna e fisioterapia	0,40
Área não edificada do terreno em **relação ao número de UH**	**Para hotéis de lazer (m^2)**
5 estrelas	100
4 estrelas	80
3 estrelas	60
2 estrelas	40
1 estrela	20
Playground para hotel de lazer, área mínima	24
Estacionamento	
Garagem e estacionamento para carros	33 m^2
Número de vagas em relação ao número de apartamentos (mínimo)	10%

Tabela 17.2 Espaços a prever em planejamento de hotéis

Discriminação	Unid.	Número de apartamentos					
		50	100	200	300	400	500
Área do pavimento térreo	m^2	600	700	1.260	2.060	2.620	3.350
Pavimentos acima do térreo (médias)	unid.	4	6	9	11	12	14
Áreas dos pavimentos tipo de hospedagem	m^2	260	375	740	1.120	1.480	1.780
Quantidade de apartamentos por pavimento tipo	unid.	10	16	24	26	42	46
Aptos. por circulação vertical (apartamentos tipo)	unid.	12	16	12	14	18	18
Entrada, recepção, portaria, gerência	m^2	30	37	74	121	159	196
Circulações sociais e salas de estar (térreo)	m^2	70	102	222	340	450	550
Áreas sociais e administração (2º pavimento)	m^2	-	150	304	450	600	750
Salão de festas ou banquetes	m^2	-	120	230	355	470	470
Sanitários sociais comuns (masculino)	m^2	6	11	21	32	42	53
Sanitários sociais comuns (feminino)	m^2	6	6	13	20	27	33
Barbearia e salão de beleza	m^2	12	26	46	75	95	120
Área de lojas	m^2	90	178	370	560	740	900
Área de depósito para lojas	m^2	30	46	93	140	195	305
Restaurante	m^2	46	80	168	248	318	415
Cafeterias ou *coffee shop*	m^2	-	65	135	200	262	328
Cozinha principal	m^2	30	93	135	200	262	328
Cozinhas auxiliares para cafeterias e banquetes	m^2	-	14	31	45	61	75
Pastelaria	m^2	-	-	38	57	77	93
Bar ou bares	m^2	25	61	121	186	252	252
Lavanderia	m^2	-	51	107	159	210	265
Rouparia geral e de pavimentos	m^2	24	24	42	65	84	108
Áreas de direção	m^2	7	7	14	20	26	33
Contabilidade e finanças	m^2	8	8	16	23	31	40
Manutenção e instalações mecânicas	m^2	30	56	121	188	252	309
Vestiários e sanitários de pessoal de serviço (M)	m^2	12	16	31	46	62	78
Vestiários e sanitários de pessoal de serviço (F)	m^2	12	16	26	42	53	67
Área média do apartamento de duas pessoas	m^2	20.5	21	20	22	22.5	21

18 Recursos humanos para hotéis de médio e grande porte

18.1 Número de funcionários de um hotel

Em geral, calcula-se de três a quatro funcionários por apartamento, assim distribuídos:

- um funcionário de nível superior (engenheiro, marketing, finanças, gerência);
- um funcionário técnico/administrativo (secretária, informática, instalações, recepção, alimentos e bebidas);
- um(a) camareiro(a);
- um funcionário de serviços gerais.

Cargos

Recepção:

- gerente habitacional, gerente de recepção, supervisor, recepcionista, capitão-porteiro, porteiro, *concierge*, mensageiro, telefonista, gerente de reservas.

Administração:

- governanta executiva, supervisora, secretária, camareira, roupeira, costureira, gerente de lavanderia, passadeira, auxiliar de lavanderia, auxiliar de limpeza.

Marketing:

- gerente de marketing e eventos, auxiliar de marketing e eventos, gerente de vendas, promotora de vendas.

Alimentos & bebidas:

- gerente de A&B, gerente de compras, gerente de banquetes, gerente de restaurantes, *chef*, *sous chef*, *maître*, garçom, cumim, cozinheiro, barman, gambuzeiro, recepcionista de restaurante, *steward*.

Manutenção:

- chefe da manutenção, engenheiro, assistente, técnico.

Finanças:

- gerente financeiro, *controller* de A&B, auditor diurno, auditor noturno, caixa geral, auxiliar financeiro, auxiliar de crédito.

Recursos humanos:

- gerente de RH, técnico, psicólogo, assistente social, auxiliar de pessoal.

Cargos de informática:

- analista de sistemas, técnico, auxiliar.

Segurança:

- chefe da segurança, assistente de segurança.

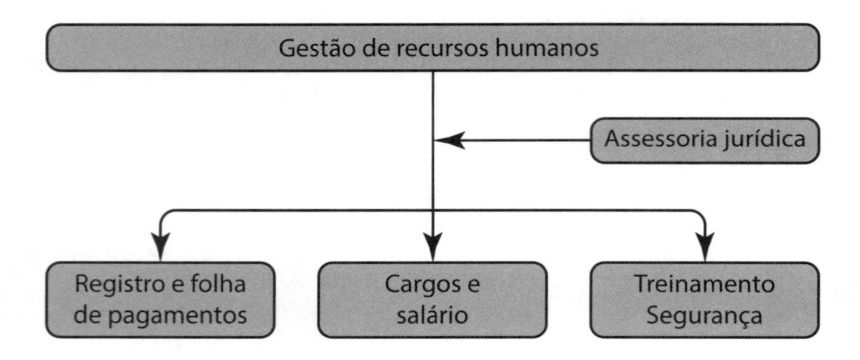

Figura 18.1

Estrutura da área de recursos humanos.

19 Piscinas

Um equipamento importante em uma unidade hoteleira é a piscina, tanto em hotéis urbanos como em resorts.

A classificação das piscinas pode se dar quanto ao uso, suprimento de água, finalidade, condicionamento da temperatura, características químicas da água, recinto e construção, e está contida na NBR 9819.

Quanto ao uso, classificam-se em:

- públicas: destinadas ao uso público em geral (centros comunitários, por exemplo);
- coletivas: destinadas ao uso exclusivo de associados (clubes, escolas etc.);
- hospedarias: destinadas a hotéis, motéis e casas de banho;
- residenciais coletivas: destinadas ao uso de residentes permanentes (condomínios, asilos, penitenciárias);
- residenciais privativas: uso familiar.

19.1 Dimensionamento das áreas das piscinas

Quantidade de usuários: a determinação do provável número de usuários de uma piscina, para correto dimensionamento da área líquida, é ainda um problema não equacionado completamente.

Normalmente os estudiosos tratam somente da relação entre o tamanho da piscina e o limite de frequência permitido. As considerações a seguir têm o intuito de auxiliar o arquiteto a preestabelecer a quantidade provável de pessoas que irão frequentar a piscina. Não consideramos aqui piscinas de uso privativo.

O projeto de piscinas públicas, coletivas, de hotéis e condomínios deve estar de acordo com as normas governamentais e, nas de competição, com as normas dos organismos esportivos.

As piscinas semipúblicas e públicas devem ter tamanho suficiente para acomodar um grande número de pessoas que as frequentam no verão, mas não precisam ser projetadas para uma frequência excepcional esperada apenas em algumas ocasiões.

- Comparecimento médio: de 2% a 3% da população do edifício considerado.

- Comparecimento máximo: 10% da população do edifício considerado.

- Máximo de banhistas presentes: um terço do comparecimento diário.

Tabela 19.1 Dimensões do tanque de piscinas públicas e semipúblicas

População	Máximo de pessoas/dia	Dimensões do tanque
4.000	500	12,5 × 25
6.000	700	12,5 × 25
10.000	1.100	15 × 30
20.000	2.000	20 × 40
40.000	3.100	25 × 50

Tradicionalmente, para se determinar a quantidade máxima de banhistas que podem estar presentes simultaneamente numa piscina, considera-se a área do tanque que cada banhista ocupa.

Esse método deixa de levar em consideração os seguintes dados:

- o número de frequentadores que podem estar presentes em uma piscina depende da proporção entre a área circundante pavimentada (*deck*) e a área da superfície da água. A área do *deck* deve ser, no mínimo, o dobro da área da superfície da água;

- quanto menor for a área circundante, proporcionalmente mais banhistas estarão no interior do tanque, sendo necessária uma maior área de superfície de água para cada frequentador da piscina;

- quanto maior for a área circundante ao tanque, maior será a presença de banhistas simplesmente tomando banho de sol ou praticando outras formas de lazer;

- nas partes rasas do tanque, com profundidade de até 1,50 m, há maior densidade de usuários, pois considerável parcela dos banhistas permanece de pé;

- naturalmente, a existência de partes profundas, de mais de 1,50 m, acessíveis apenas a praticantes de natação, implicará na necessidade de se dispor de uma superfície maior de água por banhistas;

- tanques destinados à prática de salto, com profundidade superior a 3,00 m, embora com baixíssima frequência, devem ter área suficiente para garantir a segurança dos banhistas;

- Deve-se estabelecer a quantidade de pessoas que podem estar presentes simultaneamente na piscina e na superfície pavimentada, pois constantemente existem pessoas entrando e saindo da piscina.

Tabela 19.2 Área da superfície de água (m^2) por banhista			
Área circundante do tanque (*deck*)	Área mínima de superfície de água (m^2) por banhista simultaneamente usando a piscina		
	Tanque com profundidade de de 1,50 m	Tanque com profundidade de superior a 1,50 m	Tanque para salto com profundidade superior a 3,00 m
Inferior à área de superfície da água	1,4 m^2/banhista	1,9 m^2/banhista	30 m^2/banhista e por equipamento de salto
Igual ou maior e inferior ao dobro da superfície da água	1,1 m^2/banhista	1,4 m^2/banhista	
Maior que o dobro da superfície da água	0,7 m^2/banhista	0,9 m^2/banhista	

19.2 Exemplos de piscina

Figura 19.1

Palace Hotel, Poços de Caldas (MG).

Figura 19.2

Hyatt, Tóquio (Japão).

Figura 19.3

Caruso Hotel, Ravelo (Itália).

Figura 19.4

Pousada em Pipa, Tibau do Sul (RN).

Figura 19.5

Pangkor Laut Resort, Pangkor (Malásia).

Figura 19.6

Hotel Emiliano, São Paulo (SP).

20 Ciclo de vida dos equipamentos de um hotel

É de fundamental importância no planejamento e no projeto de um hotel o correto dimensionamento realização de processos de manutenção dos equipamentos que tornarão possíveis sua operação e funcionamento. Assim, torna-se imperioso o conhecimento de alguns desses equipamentos, principalmente sua vida útil, no sentido de garantir o funcionamento pleno do edifício hoteleiro.

Torna-se importante a montagem de uma equipe de manutenção, limitando-se ao mínimo possível a solução de tais serviços com manutenção terceirizada.

Em geral, as oficinas de manutenção são assim determinadas:

- eletrônica;
- elétrica;
- construção civil;
- elevadores e escadas rolantes;
- mecânica;
- hidráulica e hidrossanitárias;
- telefonia;
- informática;
- estofamento e tapeçaria, marcenaria e serralharia.

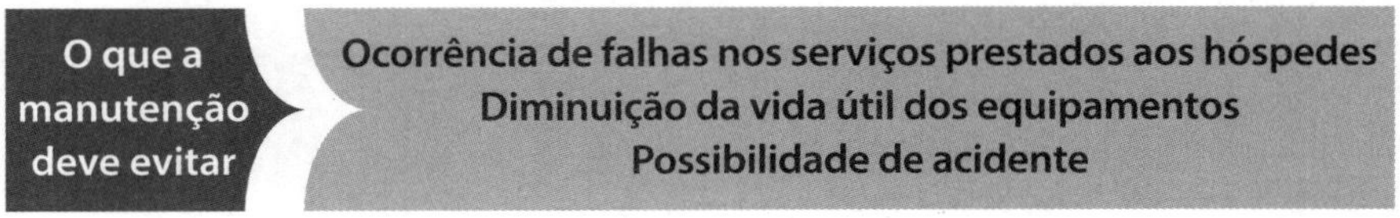

Figura 20.1

Objetivos da manutenção.

O que a manutenção deve evitar	Ocorrência de falhas nos serviços prestados aos hóspedes Diminuição da vida útil dos equipamentos Possibilidade de acidente

A Tabela 20.1 apresenta dados sobre o ciclo de vida útil de alguns equipamentos, e a Tabela 20.2 detalha tais dados.

Tabela 20.1 Ciclo de vida útil de alguns equipamentos	
	Período (anos)
Decoração e estofamento	2 a 4
Carpetes, acessórios e mobília em bares, áreas de coquetel	4 a 6
Coffee shop	4 a 6
Restaurantes	5 a 8
Carpetes e acessórios dos apartamentos	5 a 8
Mobília dos apartamentos	7 a 10
Equipamentos de banheiros nos apartamentos	10 a 15
Equipamentos de *leasing*	5 a 8
Equipamentos elétricos, de comunicação e controle	5 a 8
Equipamentos de cozinha e serviços de mesa	7 a 10
Engenharia	10 a 15
Edifícios	20 a 30

Fonte: Lawson, 1976.

Tabela 20.2 Detalhamento do ciclo de vida útil de alguns equipamentos

Equipamentos	Anos	Equipamentos	Anos
Televisão	6,12	Lençol	2,28
Frigobar	7,53	Fronha	2,21
Micro-ondas	5,34	Virol	2,63
Forno elétrico	5,67	Edredom	3,51
Rádio	5,84	Cobertores	3,85
DVD	4,33	Protetor de colchão	3,11
CD	5,06	Veículo para cargas	5,25
Secador de cabelo	4,44	Toalha de banho	2,14
Ar-condicionado	6,81	Toalha de mesa	2,58
Ventilador	4,88	Transporte/hóspede	5,00
Telefone	5,12	Frigorífico	8,53
Controle vídeo/som/luz	6,43	Refrigerador	7,26
Controle luz	6,43	Freezer	6,94
Cofres	9,56	Impressora a laser	3,98
Cama *king size*	8,31	Impressora jato de tinta	3,94
Cama *queen size*	7,44	Impressora matricial	5,03
Cama de casal	7,78	Microcomputador	4,23
Cama de solteiro	7,67	Retroprojetor	6,00
Beliche	5,55	*Data show*	4,50
Mesa	8,04	Projetor de slides	6,43
Cadeira	7,59	Fax	5,47
Cômoda	8,07	Extintores	1,73
Poltronas	7,42	Hidrantes	3,57
Luminária de leitura	6,19	Luzes/emergência	3,48
Abajur	5,87	Sistemas de alarme	5,51
Lustre	7,71	Geradores/energia	10,22
Louça de banheiro	10,13	Câmeras/segurança	4,15
Chuveiro elétrico	2,80	Adegas climatizadas	5,28
Ducha	5,51	Adaptador de voltagem	4,40
Banheira de hidromassagem	9,95	Conexão à internet	4,36

Fonte: Fipe, 2006.

Instalações

Energia e instalações elétricas

- Energia de emergência.
- Sistema de *no-break*.
- Sistema de distribuição de energia elétrica.

Iluminação – Potências recomendadas (em Lux)

- Áreas de estacionamento: 100 a 150.
- Corredores e escadas: 150 a 200.
- *Hall*, *lobby*, salas de estar, restaurantes: 200 a 300.
- Sala de máquinas e almoxarifado: 200 a 300.
- Administração e escritórios: 400 a 500.
- Lavanderia e cozinha: 400 a 600.
- Banheiros: 100 a 200.

Aparelhos de iluminação

- Tipo industrial: estacionamento, infraestrutura, cozinha e lavanderia.
- Tipo comercial: escritórios, escadas de serviço, circulação, banheiros e vestiários.
- Tipo especial: apartamentos, suítes, *hall*, *lobby*, área de estar, restaurantes, bares, eventos e jardins.

Lâmpadas

- Atualmente as recomendações são feitas no sentido de substituir as lâmpadas tradicionais por lâmpadas do tipo LED, muito mais econômicas. Evidentemente, é preciso, criteriosamente, estabelecer os locais onde é possível colocar cada tipo de lâmpada (halógenas, *standard* etc.).

Sinalização de emergência

- Deve atender de 20% a 30% da necessidade de iluminação normal e ser abastecida por gerador de emergência.

Sinalização de emergência e segurança

- Sistema em que devem ser utilizadas lâmpadas de baixo consumo, alimentadas em 220 volts (bateria, *no break* e/ou equipamentos retificadores).

Interruptores e tomadas

- Monofásicas (220/110 volts):
  - apartamentos: iluminação do quarto e do banheiro e para ligar TV, frigobar, *notebook*, recarga de celulares, abajur de leitura e mesa de trabalho;
  - banheiros: barbeador;
  - áreas gerais de manutenção e limpeza;
  - áreas de eventos e escritórios: para alimentação de equipamentos.
- Trifásicas (380/220 volts):
  - lavanderias, cozinhas, sala de equipamentos, áreas de manutenção.

Sistemas eletrônicos

- Conforto do hóspede.
- Controle e operação de serviços.
- Segurança para os hóspedes e instalações.
- Internet (cabo e *wireless* em apartamentos, administração, recepção e salas de estar).
- Transporte pneumático.

Sistema telefônico: chamadas locais, nacionais e internacionais

- Interno e externo, com previsão de dois ramais e três aparelhos (mesa de trabalho, cabeceira da cama e banheiro).
- Tomada livre para carregamento de celulares.
- Mais de um ramal, com os mesmos números, para recepção.

Sistema de radiobusca

- BIP.

Sistema de radiocomunicação

- *Walkie-talkie.*

Sistema de sonorização ambiente para os seguintes locais

- Apartamentos, implantado no painel de cabeceira.
- Áreas comuns (corredores, elevadores, salas de estar).
- Áreas de restaurantes e bares.
- Áreas de eventos com dispositivos que permitam música ambiente, sonorização de projeções de filmes, audiovisuais e tradução simultânea.
- Administração e serviços para chamadas de emergência.

Sistema interno de televisão

Sistema de relógios

Sistema de controle de ponto

Sistema de recepção de TV: apartamentos, restaurante, bares, salas de estar etc.

- TV aberta.
- TV a cabo (comum e HD).

Sistema de projeção e áudio

- Projeção de filmes.
- Audiovisual.
- Projeção de TV.

Sistema de detecção e alarme de incêndio

Sistema de supervisão e controle: dos sistemas e equipamentos implantados no hotel

- Predial: alimentação elétrica, elevadores, energia, iluminação, bombas, motores, ar-condicionado, ventilação, exaustão, central de água gelada, câmaras frigoríficas.

- Segurança: controle de acessos, casa de bombas, sala de baterias, subestação elétrica.

- Central de detecção e alarme de incêndio.

- Central de som.

- Central para gerenciamento da demanda de energia elétrica e consumo de água quente e fria.

Sistema de supervisão e controle de apartamentos

- Controlar e supervisionar por meio de sensores, atuadores e fechadura eletrônica a presença de pessoas no apartamento, a segurança e o conforto ambiental. Pode, ainda, por meio de um controle remoto ou telefone, acionar todos os sistemas do apartamento (iluminação, ar-condicionado, TV, som, abertura de cortinas e até mesmo controle da temperatura da água).

Sistema informativo de TV

Sistema de fechaduras eletrônicas

Sistema de gerenciamento hoteleiro

Sistema de água fria

De 500 a 2 mil litros por dia – reserva para dois dias, com reservatório superior com um terço do consumo diário e a cisterna com dois terços do consumo diário. Observar se o abastecimento é feito pela rede pública ou por poços artesianos. Seu consumo destina-se a banheiros, cozinhas, copas, torneiras de lavagem, lavanderia, torre de resfriamento, caldeiras, piscinas.

Na distribuição da água, em colunas localizadas em *shafts*, prever uma prumada para cada dois sanitários. As colunas de distribuição para áreas de serviço (lavanderia, cozinha e copas) devem ser separadas.

Sistema de água quente

Normalmente, o sistema de água quente começa no reservatório superior de água, de onde descem duas linhas de água fria até os equipamentos de geração de água quente (*boilers*, caldeiras etc.). Uma linha destina-se a geração de água quente a 50 °C e a outra a 70 °C (cozinhas e lavanderias especificamente).

- Apartamentos (chuveiros, lavatórios e duchas higiênicas): 50 °C.

- Vestiários do pessoal: 50 °C.

- Cozinhas (pias): 50 °C.

- Cozinhas (equipamentos diversos) 70 °C.

- Lavanderias (equipamentos): 70 °C.

- Tipo de combustível utilizado: em geral usa-se gás (GLP ou GNC), eletricidade, óleo diesel ou BPF. Existindo a possibilidade de GNC com abastecimento regular, este, geralmente, possibilita uma economia de até 18%. Entretanto, é necessário verificar que cada caso é diferente do outro.

Sistema de esgoto sanitário

Os esgotos dos apartamentos são coletados por ramais de esgotos e ramais de descargas conectados a tubos de queda instalados em *shafts*. Estes devem ficar, nos andares tipo, adjacentes às instalações, possibilitando fácil acesso para eventuais manutenções. Os tubos de queda reúnem-se em um pavimento técnico de transição das tubulações e outras instalações, localizado entre o último pavimento tipo e os pavimentos inferiores (mezanino, caso exista, salas e convenções, administração ou outros espaços) e o pavimento térreo. O pavimento técnico pode ter o mesmo pé-direito dos andares tipo e ter acesso normal por escada e elevadores. Os dejetos são despejados em caixa de inspeção. O mesmo acontece com os efluentes localizados no térreo e no subsolo, que são coletados e lançados em caixa de inspeção.

Esgotos de cozinha e lavanderia devem ser canalizados em linhas independentes e direcionados a uma caixa de remoção de gordura e outra de retenção de espuma, nesta ordem, antes de serem lançados nas caixas de inspeção. A partir daí, uma linha coleta e direciona todos os esgotos à rede pública. Na falta desta, deve haver uma estação de tratamento de esgotos compacta.

Quando o hotel for totalmente térreo ou não possuir subsolo, recomenda-se sua elevação a 1,20 m do solo, em local ventilado, aproveitando-se a estrutura para a criação de um pavimento técnico inferior, onde deverão ser colocados caixas de inspeção, caixas de gordura e outros tipos de instalações, tradicionalmente instaladas nos baldrames.

O custo inicial será compensado pela facilidade nas manutenções, ao longo dos anos, algo de que certamente o hotel precisará.

- Possibilitar o rápido escoamento dos esgotos sanitários com fácil desobstrução.
- Vedar passagens de gases e animais para o interior das edificações através da tubulação.
- Evitar vazamentos, escapamento de gases e formação de depósito no interior da tubulação.
- Evitar a poluição de água potável e do meio ambiente.

Sistema de ar-condicionado

O sistema de ar-condicionado e ventilação tem por função estabelecer condições de conforto em todas as dependências sociais do hotel (temperatura em média 25 °C e umidade relativa do ar em torno de 65%). Deve, evidentemente, proporcionar condições adequadas de temperatura, umidade e renovação do ar aos locais destinados ao armazenamento de produtos, áreas de serviço, áreas de apoio ao pessoal que trabalha na manutenção e operação do hotel.

Em hotéis de grande porte, usa-se o sistema de ar-condicionado central (*chillers* e *fan coils*) que modernamente podem ser abastecidos pelo sistema VRS (tubulação fina) em até 100 metros (para os apartamentos), dispensando dutos de maiores dimensões. O sistema deve permitir o controle da temperatura de forma autônoma em cada apartamento). Naturalmente, esse sistema pode ser complementado por outros equipamentos, como *splits* e *self contained*. Para hotéis de pequeno porte, ainda se admitem os equipamentos do tipo janela para ambientes de até 50 m².

A adoção de um ou outro sistema deve ser criteriosamente discutida entre os projetistas (arquiteto, calculista e, principalmente, o responsável pelo projeto de ar-condicionado).

Sistema de proteção contra incêndio

Hidrantes, *splinkers* e extintores. Tudo de acordo com as normas e com as recomendações do Corpo de Bombeiros.

Sistema de pressurização de escadas de emergência

O objetivo principal é substituir a solução convencional de antecâmara e duto de fumaça. É um sistema com um ventilador alimentado por dois motores, um funcionando e outro de reserva, ligados ao sistema de energia de emergência, redes de dutos e grelhas de insuflação, filtros para ar externo e *dampers*.

Em condições normais de operação, o ventilador funciona 24 horas por dia e, em casos de emergência, através de CCO, tem sua rotação aumentada para atender à vazão do ar. O ventilador deverá ser instalado numa casa de máquinas localizada em pavimento inferior, insuflando o ar na caixa de escada através de *shafts* de alvenaria e grelhas. O ar é captado por tomada de ar externo, constituída por veneziana e filtros. O escape do ar ambiente é feito através de frestas, aberturas (portas corta-fogo) e *damper* de alívio localizado no topo da caixa de escada.

Sistema de combate a incêndios

Os hotéis, principalmente os de grande porte, devem constituir uma equipe, treinada e equipada, de combate a incêndios.

Sistema de refrigeração

Sistema para atender às câmaras frigoríficas, balcões refrigerados localizados nas várias áreas de alimentos e bebidas do hotel. Para facilitar a operação e a manutenção do sistema, bem como a centralização dos equipamentos (produtores de ruídos e vibrações), os compressores devem ser instalados em uma casa de máquinas própria.

A central de refrigeração deve ser interligada às câmaras e balcões frigoríficos por meio de tubulações de cobre (barras rígidas). Já a tubulação de gás e líquido de cada sistema é isolada aos pares com poliuretano protegido por alumínio liso.

Existem câmaras frigoríficas pré-fabricadas que facilitam muito a implantação do sistema de refrigeração do hotel e possibilitam alto grau de flexibilidade a esse setor.

Tabela 21.1 Temperaturas mais utilizadas em câmaras frigoríficas	
Carne	0 ºC
Peixes	0 ºC
Frutas e verduras	6 ºC
Saladas preparadas	4 ºC
Uso diário preparado	4 ºC
Congelados	−18 ºC
Bebidas	4 ºC
Balcões frigoríficos	4 ºC
Lixo úmido	0 ºC

A câmara frigorífica para o lixo úmido é importante para se evitar a proliferação de insetos, roedores etc. nas proximidades do serviço de nutrição e dietética do hotel. Essa câmara deve ser aberta para fora do ambiente das outras câmaras, de preferência para a plataforma coberta (docas) de embarque e desembarque de mercadorias.

22 Financiamento do hotel

O financiamento de hotéis, no Brasil, é proporcionado pelo Banco Nacional de Desenvolvimento Econômico e Social (BNDES). No mundo todo, financiamentos são de grande importância para a indústria hoteleira. Praticamente todos os negócios, aquisições, renovações e implantações são alavancados por grandes empréstimos. Alavancar, nesse caso, significa usar financiamento de baixo custo para aumentar a rentabilidade do capital empreendedor (o chamado *equity yield*).

É muito comum que projetos no exterior tenham *payback*, ou retorno do capital investido, em oito ou nove anos. De modo geral, isso significa que a taxa de retorno (TIR) dos projetos gira em torno de 11% ao ano. Mesmo assim, poucos empreendedores aceitam uma rentabilidade nessa faixa quando se trata de um investimento hoteleiro, pois sempre há riscos em um negócio desse tipo. De fato, o capital do empreendedor retorna a taxas bem maiores que as do projeto (algo em torno de 20% ao ano), dado o uso de financiamento de baixo custo e de longo prazo.

Determina-se o investimento em um empreendimento hoteleiro pelo custo médio da UH (apartamento), cujo valor é estimado em US\$ 51,27 (Embratur), assim divididos:

Tabela 22.1 Composição do investimento em empreendimento hoteleiro (em %)

Item	%
Terreno	13
Projetos	5
Construção	50
Equipamentos e instalações	17
Capital de giro	12
Despesas pré-operacionais	3
Total	100

- *terreno*: nas regiões Sudeste e Nordeste do país, a parcela média de investimentos em terreno gira em torno de 16% do total. Nas demais regiões, a parcela tem uma redução para algo em torno de 5% a 9%. Já nos sítios históricos, registram-se inversões em terreno na faixa de 23%. Estabelecimentos mais simples (1 a 3 estrelas) têm no terreno parcelas mais significativas do investimento total (entre 14% e 19%), em razão do menor investimento em instalações e equipamentos;

- *projetos*: viabilidade econômica, arquitetura, engenharias, paisagismo e decoração de interiores representam 5% do total. É um parâmetro mundial;

- *construção*: geralmente corresponde a 50% dos investimentos;

- *equipamentos e instalações*: a parcela de investimentos em equipamentos varia de acordo com a região, localização e proposta do hotel. O grau de sofisticação do ambiente oferecido influencia os investimentos em equipamentos. Hotéis de lazer que oferecem instalações rústicas investem, em média, 10% em equipamentos. Já nos hotéis 5 estrelas tais investimentos chegam a 25%, em média;

- *capital de giro e despesas pré-operacionais*: no Brasil, o capital de giro se situa na faixa dos 12% dos investimentos totais, enquanto as despesas operacionais atingem até 3% do total do investimento.

22.1 BNDES

O BNDES lançou o programa BNDES de turismo para a Copa do Mundo de 2014, chamado BNDES ProCopa Turismo.

O objetivo era o financiamento da construção, reforma, ampliação e modernização de hotéis, a fim de aumentar a capacidade e a qualidade da hospedagem durante o evento. Os clientes poderiam ser sociedades empresariais com sede e administração no Brasil, e os empreendimentos apoiáveis eram aqueles destinados à construção, reforma, ampliação e modernização de hotéis, além de haver uma linha para investimentos socioambientais.

A seguir estão as condições gerais para participação do projeto.

- Valor mínimo da operação:
- Cidades-sedes e demais capitais: R$ 3.000.000,00.
- Outros municípios: R$ 10.000.000,00.
- Para financiamentos inferiores a esses valores, deve ser utilizada a Linha BNDES Automático específica para o setor hoteleiro.

- Participação máxima do BNDES:
  - Grande empresa: 80% dos itens financiáveis.
  - MPME: 100% dos itens financiáveis.
- Taxa de juros:
  - Operação direta: custo financeiro + remuneração básica do BNDES + taxa de risco.
  - Operação indireta: custo financeiro + remuneração básica do BNDES + taxa de intermediação financeira + remuneração do agente financeiro.
- Custo financeiro:
  - 80% TJ-462 e 20% Cesta ou UMIPCA ou TS OU TJ3 ou TJ6.
  - Observação: o custo financeiro será Cesta para operações com empresas cujo controle seja exercido, direta ou indiretamente, por pessoa física ou jurídica domiciliada no exterior, destinadas a investimentos em setores econômicos não enumerados pelo Decreto 2.233/97.
- Remuneração do BNDES: 1,8% a.a.
- Taxa de risco de crédito: até 4,18% a. a., conforme o risco de crédito do cliente.
- Taxa de intermediação financeira:
  - Micro, pequena e média empresa: isenta.
  - Grande empresa: 0,5% a. a.
- Remuneração do agente financeiro: negociada entre o agente e o cliente.
- Prazo total:
  - Novos empreendimentos: até dez anos.
  - Ampliação, reforma e modernização: até oito anos.
- Garantias:
  - Para apoio direto: definidas na análise da operação.
  - Para apoio indireto: negociadas entre o agente financeiro e o cliente.
- Subprogramas: o BNDES ProCopa Turismo conta com dois subprogramas com condições especiais de financiamento para empreendimentos hoteleiros que obtenham certificação de sustentabilidade ou de eficiência energética: BNDES ProCopa Turismo – Hotel Sustentável (exige certificado) e BNDES ProCopa Turismo – Hotel Eficiência Energética (exige certificado). Como o empreendimento

financiado é geralmente certificado apenas no término da reforma ou da construção, a operação será contratada inicialmente sob a taxa de juros e os prazos descritos anteriormente. Assim, as condições financeiras específicas de cada subprograma passarão a valer apenas a partir da apresentação da certificação. As condições dos subprogramas não serão aplicadas de forma retroativa.

As solicitações de apoio serão encaminhadas ao BNDES pela empresa interessada ou por intermédio da instituição financeira credenciada através de consulta prévia, preenchida segundo as orientações do roteiro de informações e enviada ao BNDES.

23 Histogramas funcionais

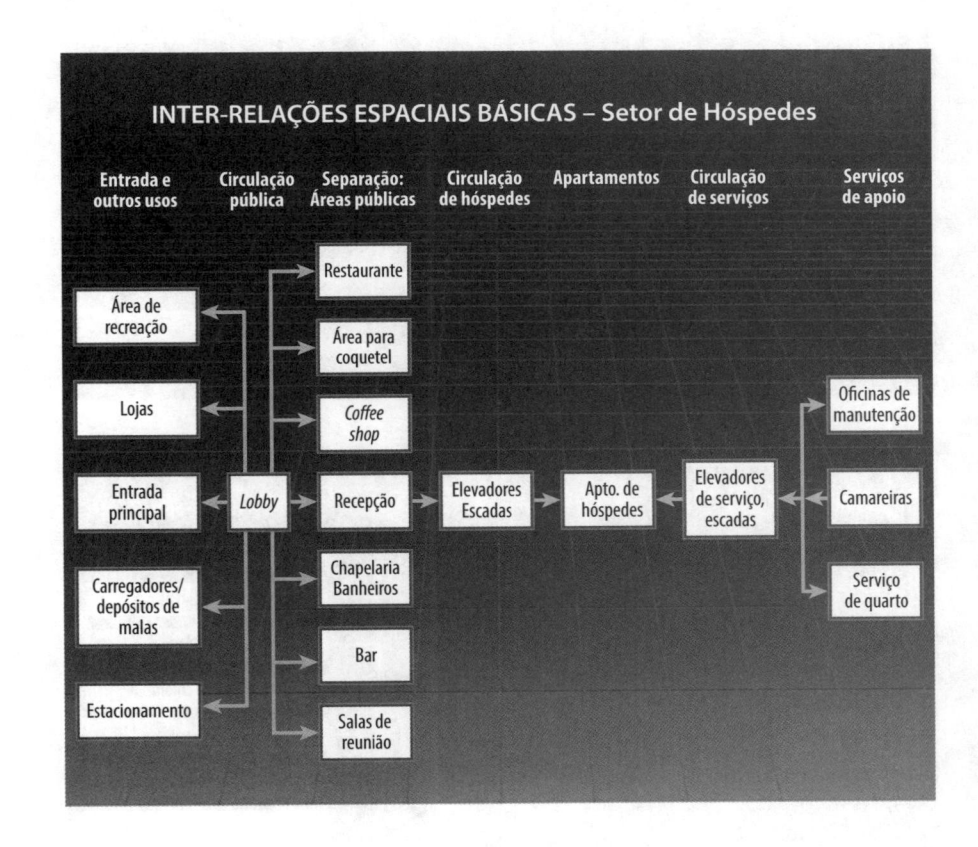

INTER-RELAÇÕES ESPACIAIS BÁSICAS – Setor de Hóspedes

Figura 23.1

Histograma do setor de hóspedes.

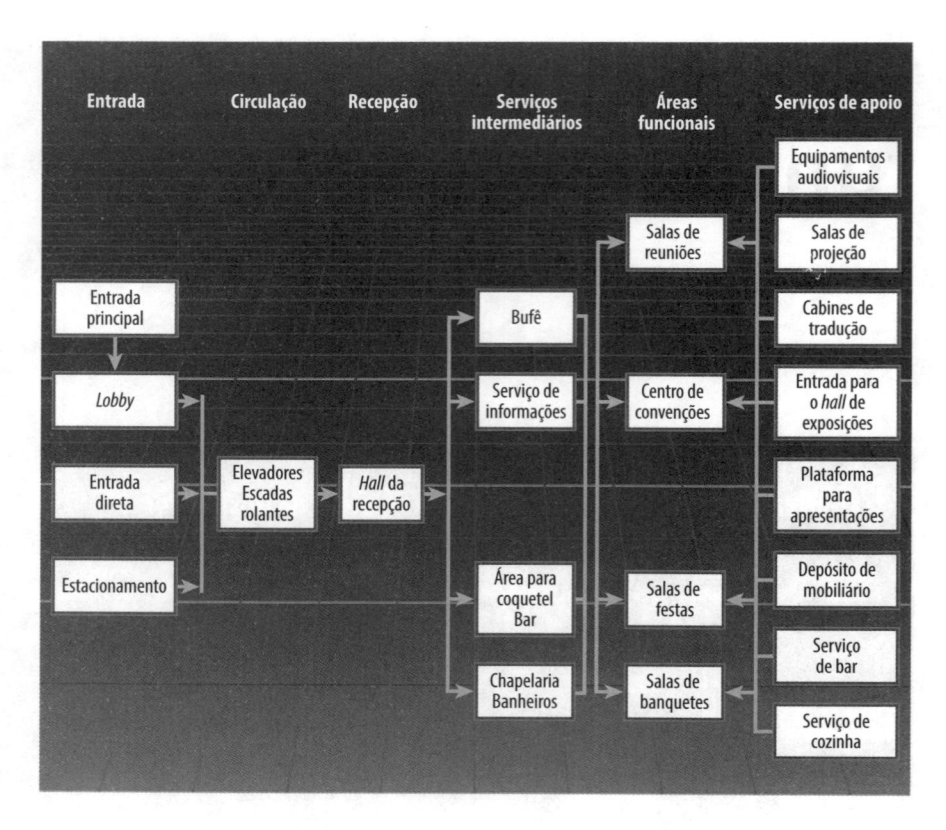

Figura 23.2

Histograma do setor de acesso.

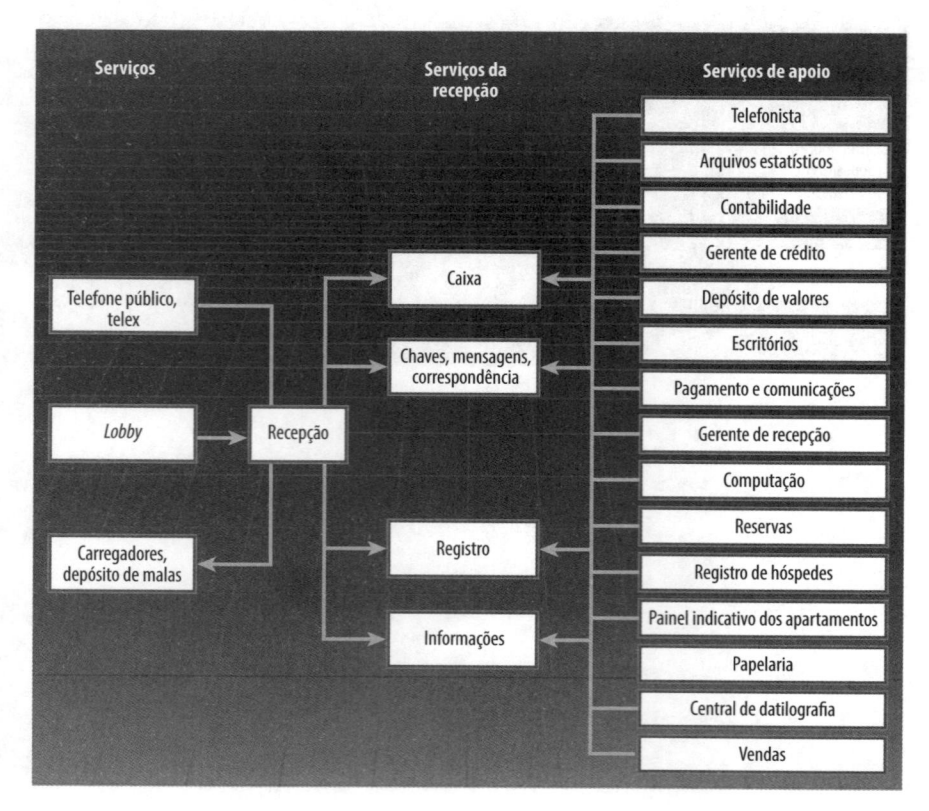

Figura 23.3

Histograma do setor de serviços.

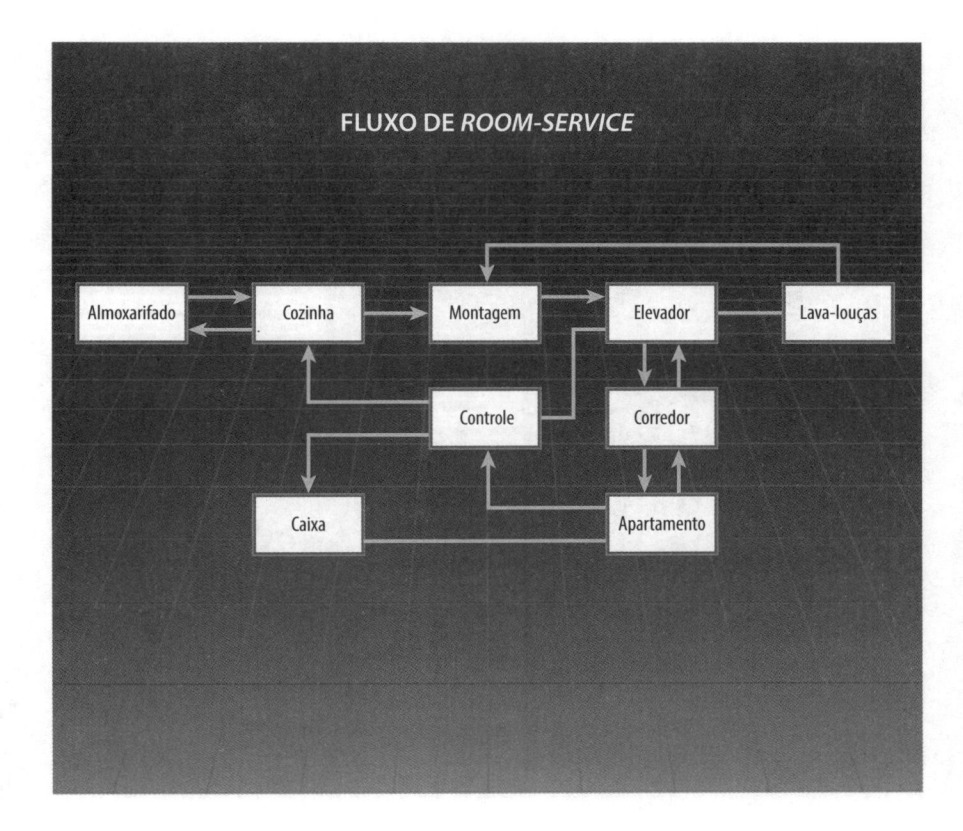

Figura 23.4

Histograma do setor de apartamentos.

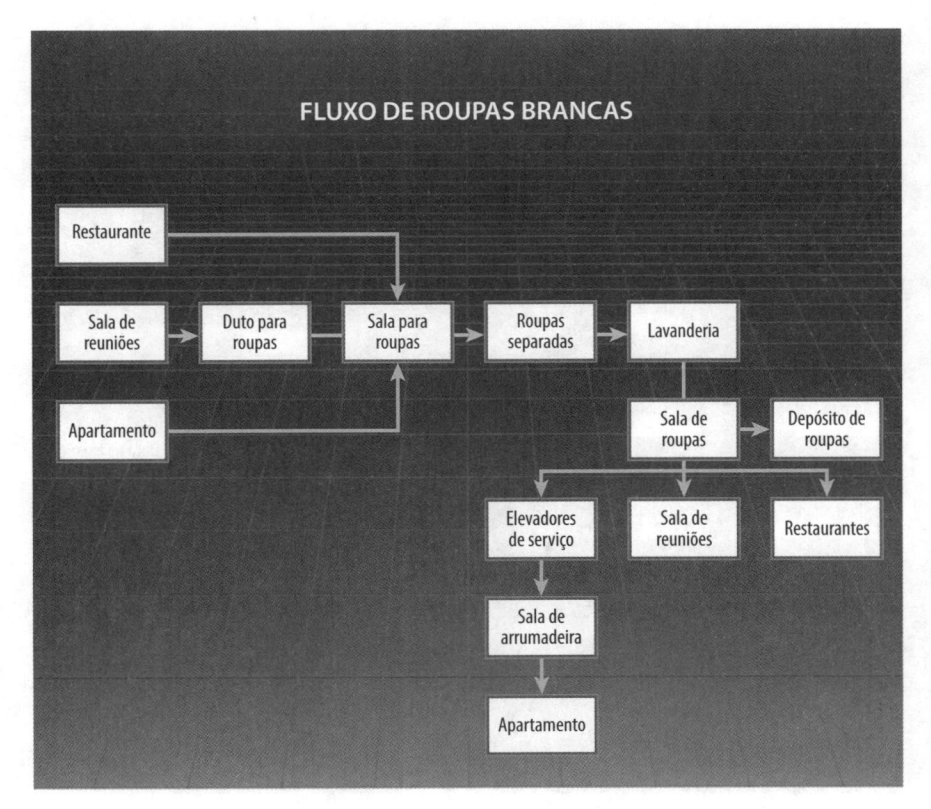

Figura 23.5

Histograma do setor de rouparia.

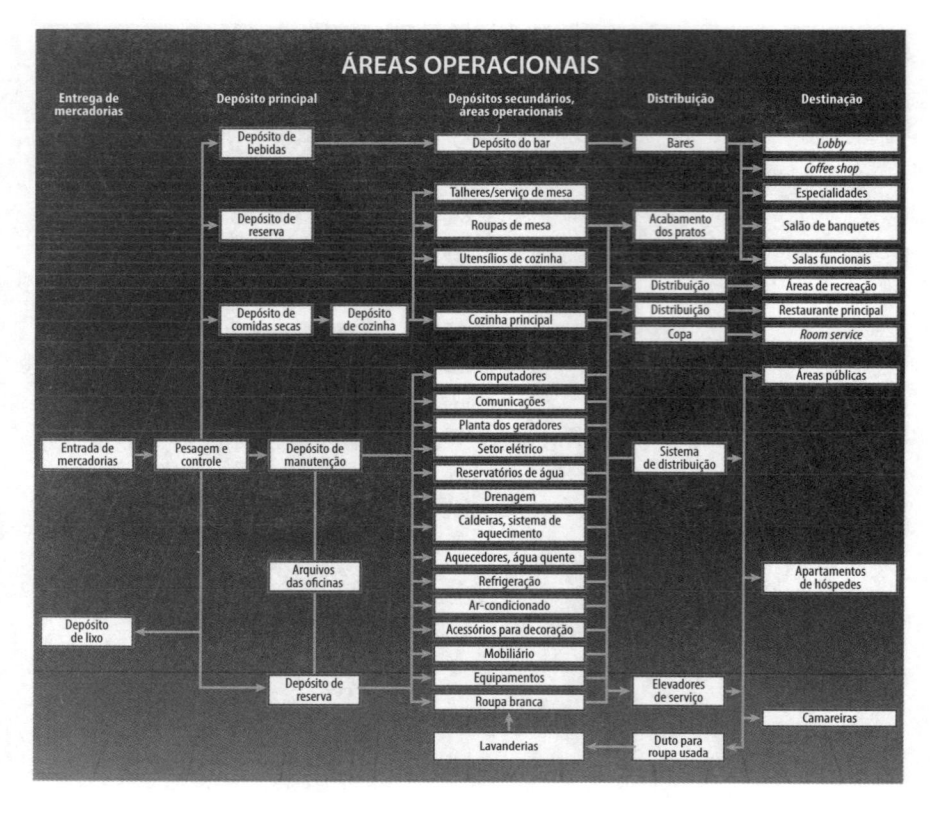

Figura 23.6

Histograma do setor de áreas operacionais.

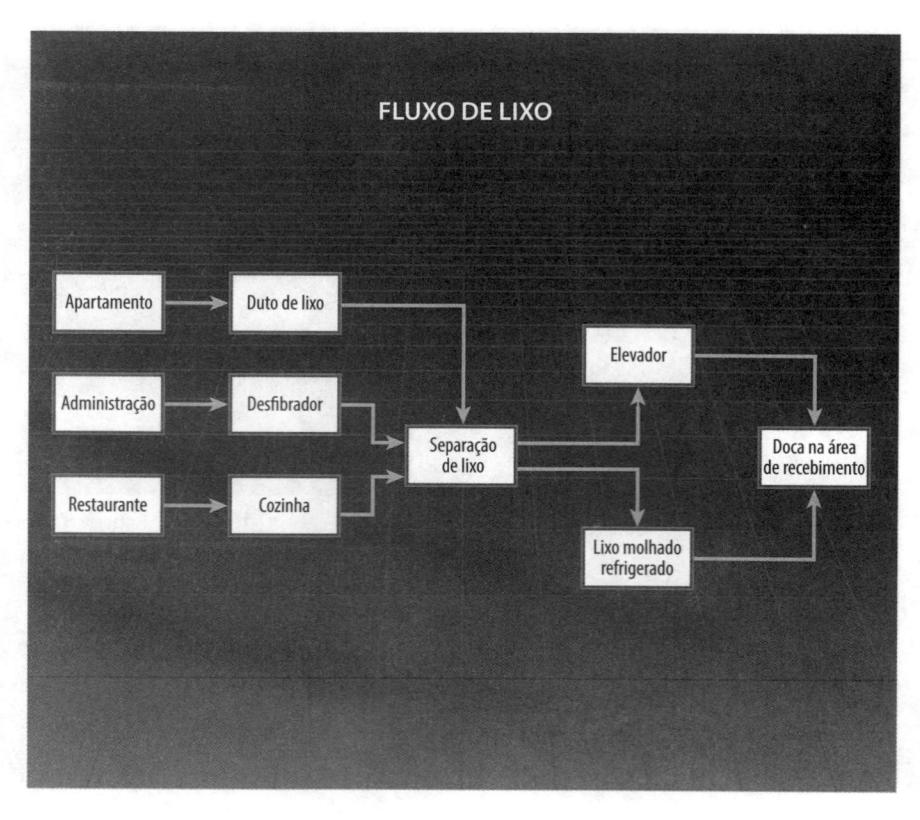

Figura 23.7

Histograma do setor de limpeza.

Diagrama de acesso

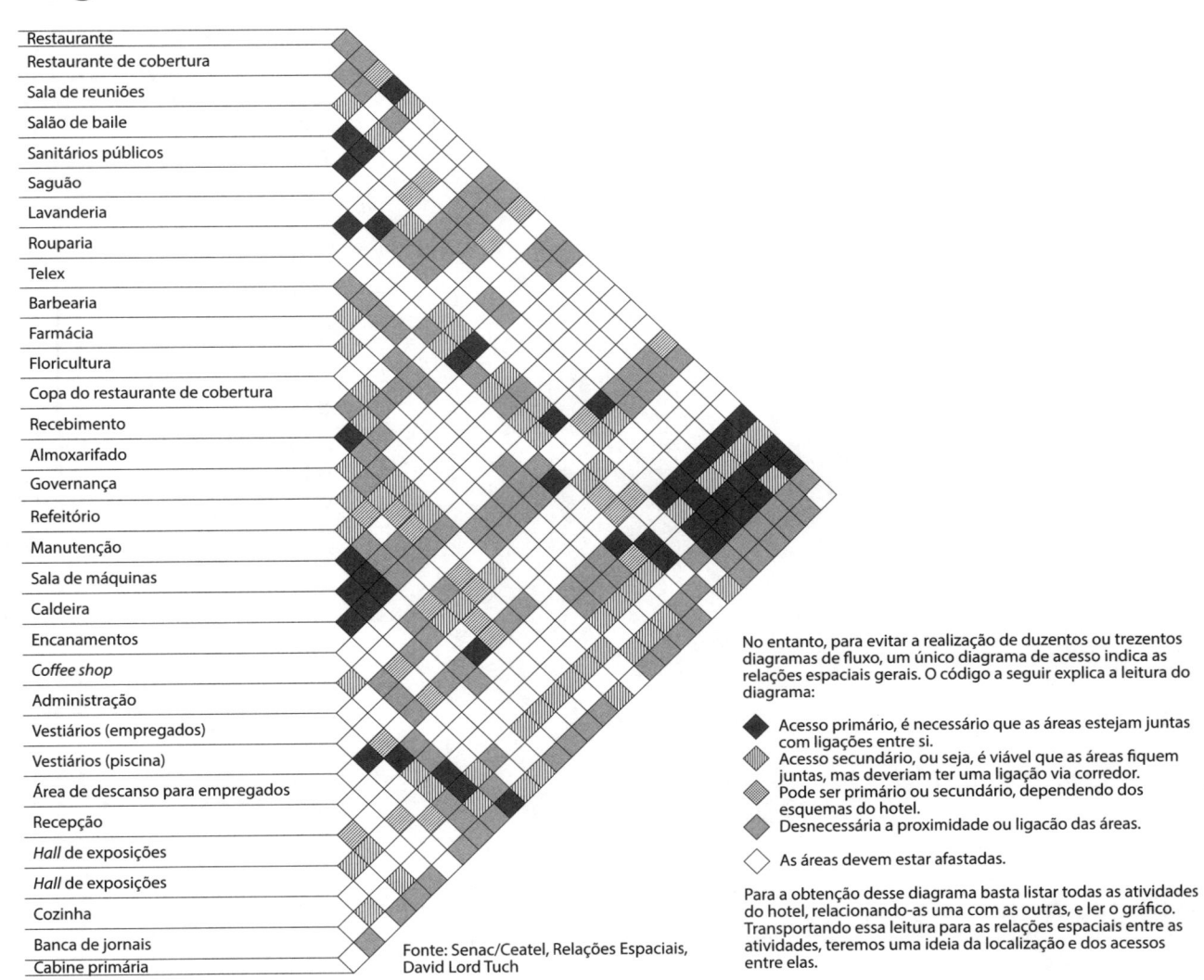

No entanto, para evitar a realização de duzentos ou trezentos diagramas de fluxo, um único diagrama de acesso indica as relações espaciais gerais. O código a seguir explica a leitura do diagrama:

◆ Acesso primário, é necessário que as áreas estejam juntas com ligações entre si.

▨ Acesso secundário, ou seja, é viável que as áreas fiquem juntas, mas deveriam ter uma ligação via corredor.

▨ Pode ser primário ou secundário, dependendo dos esquemas do hotel.

▨ Desnecessária a proximidade ou ligação das áreas.

◇ As áreas devem estar afastadas.

Para a obtenção desse diagrama basta listar todas as atividades do hotel, relacionando-as uma com as outras, e ler o gráfico. Transportando essa leitura para as relações espaciais entre as atividades, teremos uma ideia da localização e dos acessos entre elas.

Fonte: Senac/Ceatel, Relações Espaciais, David Lord Tuch

Figura 24.1

Matriz triangular de interações, atualizada e reordenada pelo autor.
Fonte: Senac/Ceatel, Relações Espaciais, David Lord Tuch.

25 Glossário

Amenidades – pequenas cortesias ou presentes ofertados aos hóspedes, tais como cesta de balas, cestas de doces e salgados, garrafas de vinho, flores, livros, kit de higiene pessoal, roupão de banho, sandálias etc.

Cama & café – meio de hospedagem com café da manhã oferecido em residências, com no máximo três unidades habitacionais para uso turístico, em que o dono mora no local.

Concierge – existem dois tipos:

- *Do hotel*: funcionário destacado para atender e apoiar o hóspede em suas necessidades, como guardar suas bagagens durante o *check-in*, marcar lugares para jantares e espetáculos, preparar agenda executiva, oferecer orientação nos roteiros de passeios e visitas, cuidar do carro caso o hóspede tenha usado esse meio de transporte, efetuar pequenas compras em farmácias e lojas etc.

- *Pessoal*: funcionário destacado para, a pedido do hóspede, exercer o serviço de *concierge* de forma exclusiva. Esse tipo de serviço hoje não é feito apenas em hotéis; foi estendido a corporações em geral, clubes etc.

Cultura – o conjunto dos padrões de comportamento, crenças, instituições e outros valores transmitidos coletivamente, típicos de uma sociedade ou civilização.

Cumim – aprendiz de garçom.

Escritório virtual – estrutura implantada em hotéis dotada de equipamentos de informática (*notebooks*, microcomputadores, *data shows*, telefone, fax, impressoras etc.) para apoiar o hóspede mediante aluguel ou cortesia.

Facilidades – serviços de apoio adicional ao hóspede, tais como aquecimento de mamadeiras, fraldário, cadeiras para crianças, cadeiras para obesos, idosos e portadores de deficiências, sanitário para portadores de necessidades especiais.

Flat/Apart-hotel – meio de hospedagem em edifício, com serviços de recepção, limpeza e arrumação, constituído por unidades habitacionais que dispõem de dormitório, banheiro, sala e cozinha equipada, com administração e comercialização integradas.

Gambuza – local, na cozinha do restaurante, destinado ao estar e vestiário dos garçons, guarda de louças finas e pratarias. No vocabulário náutico, a gambuza é a despensa dos navios.

Guest relation – o mesmo que *concierge*.

Hotel – meio de hospedagem com serviço de recepção e alimentação.

Hotel fazenda – hotel instalado em uma fazenda ou outro tipo de exploração agropecuária e que oferece a vivência do ambiente rural.

Hotel histórico – hotel instalado em edificação com importância histórica (entende-se por edificação com importância histórica aquela com características arquitetônicas de interesse histórico ou que tenha sido cenário de fatos históricos culturais.

Hotel natural – Hotel implantado em áreas naturais onde a própria configuração do meio ambiente, tais como rochas, árvores etc., serve de estrutura para o equipamento hoteleiro.

Hostel – meio de hospedagem de padrão geralmente mais baixo e mais barato que um hotel. A principal característica é a disponibilidade de quartos compartilhados (de três a nove camas, ou mais), a maioria com banheiro compartilhado no corredor. Hoje muitos *hostels* oferecem quartos para uma ou duas pessoas, às vezes com um banheiro adicional, bem mais caros do que os compartilhados. *Hostels* podem parecer albergues, mas, ao contrário deles, sempre são de propriedade privada e não possuem regulamentos restritos.

Motel – estabelecimento de hotel localizado em rodovias, dotados de estacionamento, que oferta serviços destinados a pessoas que estejam viajando. Deve ter pelo menos dez quartos e serviços gastronômicos. Com a liberalização sexual, esses equipamentos tiveram seu uso completamente alterado. Hoje são usados como ponto de encontros amorosos. Dispõem de ambientes esmerados e serviços gastronômicos de alto padrão.

Parador – hotel geralmente implantado em conventos e/ou mosteiros antigos, adaptados para os serviços hoteleiros. Muito comum em países como Espanha, Itália e Portugal.

Peitoril ventilado – elemento arquitetônico muito utilizado no Nordeste brasileiro com a finalidade de aproveitar a ventilação natural.

Pousada – meio de hospedagem de característica arquitetônica predominantemente horizontal, com até três pavimentos, trinta unidades habitacionais e noventa leitos, além de serviços de recepção e alimentação. Pode dispor de um prédio único ou de chalés ou bangalôs.

Requisitos de classificação hoteleira – para ser classificado na categoria pretendida, o meio de hospedagem deve ser avaliado por um representante legal do Inmetro e comprovar atendimento de 100% dos requisitos mandatórios e de 30% dos requisitos eletivos (para cada conjunto de requisitos). Além disso, tais requisitos são vinculados à *infraestrutura, aos serviços* e à *sustentabilidade.*

* *Requisitos eletivos*: de livre escolha do meio de hospedagem, tendo como base um lista predefinida.

* *Requisitos mandatórios*: de cumprimento obrigatório pelo meio de hospedagem.

Resort – hotel com infraestrutura de lazer e entretenimento que oferece serviço de atenção à saúde, estética, atividades físicas, recreação e convívio com a natureza no próprio empreendimento.

Turismo – a OMT define turismo como a atividade do viajante que visita uma localidade fora de seu entorno habitual, por período inferior a um ano, e com propósito principal diferente do exercício de atividade remunerada por entidades do local visitado. Portanto, *viagem turística* é a *viagem* que satisfaz esses critérios. *Turista* é o indivíduo que realiza a viagem turística com pernoite, sendo aquele que não pernoita chamado de *excursionista*. O *turista* também se distingue de outros tipos de viajantes, como imigrantes, nômades, tripulação, diplomatas e militares.

Turismo de saúde – tipo de turismo que vem sendo cada vez mais praticado. Geralmente o turista aproveita a viagem para realizar exames ou procedimentos de saúde. Hoje grandes corporações médicas oferecem estruturas de apoio de hospedagem para seus clientes.

26 Referências

ANDRADE, Nelson; BRITO, Paulo Lúcio; JORGE, Wilson Edson. **Hotel**: planejamento e projeto. 3. ed. São Paulo: Editora Senac, 2001.

BRASIL. Ministério do Meio Ambiente/Ministério do Planejamento, Orçamento e Gestão. **Projeto Orlas**: fundamentos para gestão integrada. Brasília, DF, 2006a.

_____. Ministério do Meio Ambiente/Ministério do Planejamento, Orçamento e Gestão. **Projeto Orlas**: manual de gestão. Brasília, DF, 2006b.

_____. Ministério do Turismo. **Turismo de saúde**: cartilha de orientação básica. Brasília, DF, 2010.

_____. **Sistema Brasileiro de Classificação de Meios de Hospedagem**: cartilha de orientação básica. Brasília, DF, Ministério do Turismo, 2010.

_____. **Sistema Brasileiro de Classificação de Meios de Hospedagem**: cartilha de orientação básica: cama & café. Brasília, DF, Ministério do Turismo, 2010.

_____. **Sistema Brasileiro de Classificação de Meios de Hospedagem**: cartilha de orientação básica: flat/apart-hotel. Brasília, DF, Ministério do Turismo, 2010.

_____. **Sistema Brasileiro de Classificação de Meios de Hospedagem**: cartilha de orientação básica: hotel. Brasília, DF, Ministério do Turismo, 2010.

_____. **Sistema Brasileiro de Classificação de Meios de Hospedagem**: cartilha de orientação básica: hotel fazenda. Brasília, DF, Ministério do Turismo, 2010.

_____. **Sistema Brasileiro de Classificação de Meios de Hospedagem**: cartilha de orientação básica: hotel histórico. Brasília, DF, Ministério do Turismo, 2010.

_____. **Sistema Brasileiro de Classificação de Meios de Hospedagem**: cartilha de orientação básica: pousada. Brasília, DF, Ministério do Turismo, 2010.

_____ . **Sistema Brasileiro de Classificação de Meios de Hospedagem**: cartilha de orientação básica: resort. Brasília, DF, Ministério do Turismo, 2010.

FIPE – FUNDAÇÃO INSTITUTO DE PESQUISAS ECONÔMICAS. São Paulo, 2006.

FIPE – FUNDAÇÃO INSTITUTO DE PESQUISAS ECONÔMICAS. São Paulo, 2012.

FOHB – FORUM DE OPERADORES DE HOTÉIS BRASILEIROS. São Paulo, 2010.

GÓES, Ronald. **Planejamento Turístico**: Natal (RN). [S.l.]: [s.n], 2002.

GORINI, Ana Paula Fontenelle; MENDES, Eduardo da Fonseca. **Setor de turismo no Brasil**: segmento de hotelaria. Rio de Janeiro: Departamento de Comércio, Serviços e Turismo/BNDES, 2005.

IBGE – Instituto Brasileiro de Geografia e Estatística/Ministério do Turismo/Ministério do Planejamento, Orçamento e Gestão. **Pesquisa de serviços de hospedagem**. Rio de Janeiro, 2012.

KAMP, Herbert Weiss. **Hotels International**. Teufen: Verlag A. Nigli, 1968.

KNAPP, Frederic. **Hotel Renovations**: Planning & Design. New York: Retail Reporting Corp, 1995.

KNAUF DO BRASIL. **Manual de hotéis**. Documentação Técnica. São Paulo: Knauf, 2011.

LAWSON, Fred. **Hotels, motels and condominiums**: Design, planning and maintenances. London: The Architectural Press, 1976.

_____ . **Hotels and resorts**: planning and design. London: Butterworth Heinemann, 1995.

_____ . **Planificación y diseño de restaurantes**. Barcelona: Blume, 1979.

LINZMAYER, Eduardo. **Guia básico para administração da manutenção hoteleira**. 3. ed. São Paulo: Editora Senac, 2004.

MAZZOLINI, Mentore. **Restaurantes**: planejamento, organização, serviço, pessoal, bar e cozinha e rede hoteleira. Rio de Janeiro: Editora Rio, 1997.

MCHARG, Yan L. **Design with nature**. 25. ed. New York: John Wiley & Sons, 2008.

MADER, Ricardo et al. **Hotelaria em números**: Brasil 2011. Rio de Janeiro: Jones Lang La Salle Hotels, 2011.

NEUFERT, Ernst. **Arte de projetar em arquitetura**. 3. ed. Barcelona: Gustavo Gili, 2013.

OMT – ORGANIZAÇÃO MUNDIAL DO TURISMO. **Introdução ao Turismo**. São Paulo: Roca, 2001.

PAULHANS, Peters. **Hotels y colônias veraniegas**. 2. ed. Barcelona: Gustavo Gili, 1980.

PETROCCHI, Mario. **Hotelaria**: planejamento e gestão. 2. ed. São Paulo: Pearson Education, 2006.

RADULSKI, John P.; WEATHERSBY, William. **International clubs and resorts**. New York: PBC International, 1997.

RAFEINER, Fritz. **Construcción de edificios en altura**. Barcelona: Blume, 1969.

RIO DE JANEIRO (Cidade). Decreto nº 1.160, de 23 de dezembro de 1907.

ROCHA, S.; CONDE, L. P. **Cadernos Brasileiros de Arquitetura**, São Paulo, v. 19, p. 37, 1987.

SENAC – SERVIÇO NACIONAL DO COMÉRCIO. São Paulo, 2001.

SHIBATA, Yozo. **Hotel facilities**: new concepts in architecture & design. Tokyo: Meisei, 1980.

VALOR. **Necessidade de expansão na oferta de serviços para alojamento para a Copa de 2014 por cidade-sede**. São Paulo, 2010.

27 Índice fotográfico

Sobre o autor

Ronald de Góes, natural de Mossoró (RN), é graduado em arquitetura e urbanismo pela Faculdade de Arquitetura e Urbanismo da Universidade Santa Úrsula (RJ), mestre em arquitetura pela Escola de Engenharia da Universidade de São Paulo, campus de São Carlos, e doutor em arquitetura e urbanismo pela Universidade Federal do Rio Grande do Norte.

É consultor para a área de hospitais da BDM Engenharia Ltda., Angola, professor de projeto de grandes complexidades no curso de Arquitetura e Urbanismo da UFRN há mais de 38 anos, professor dos cursos de Arquitetura Hospitalar da Editora PINI, AEA Cursos (SP) e Central Eventos (PR) e professor de Arquitetura Hospitalar e Hoteleira do Inbec (CE).

É autor dos livros *Manual prático de arquitetura hospitalar* e *Manual prático de arquitetura para clínicas e laboratórios*, publicados pela Editora Blucher, de São Paulo.

É sócio-proprietário da Ronald de Góes Arquitetura e Empreendimentos Ltda., empresa de consultoria, planejamento e projeto nas áreas hospitalar, hoteleira, habitacional e de urbanização turística, com mais de 25 anos de atividades no Brasil, tendo recentemente iniciado suas atividades no exterior com o projeto de três unidades hospitalares nas cidades de Luanda, Menongue e Tchamutete, na República de Angola, África.